戦略構想力を磨く

コンサルティングプロセスの体験

長島牧人 著

日科技連

目次

第一話　個人豆腐店を事業化せよ

登場企業

ストラテジック・ディシジョンズ・インク（ＳＤＩ）――外資戦略系コンサルティング会社の日本事務所。都心の高層ビルに事務所を構え、五十人のコンサルタントを抱える、現在急成長中の会社。新卒大学生を中心に採用し、内部で一人前に育成するのが人材獲得の基本方針。

上田豆腐店――第一話のクライアント。都心の商店街にある個人豆腐店。

登場人物

藤原裕太――ＳＤＩの新人コンサルタント。

三枝怜子――米国トップといわれるビジネス・スクールでＭＢＡを取得し、ＳＤＩに入社。三年目になる。

中原幸作――ＳＤＩのシニア・パートナー。

上田昭雄――上田豆腐店二代目店主、ビジネス・スクールでは三枝怜子と同期。

上田朔造――上田豆腐店の初代店主。上田昭雄の父。誠実で実直な職人。

＊　本文の注は各話の終わりに載せています。

（一）プロローグ

僕の名前は藤原裕太。今、緊張と期待感、それにほんのちょっとの不安感に包まれながら、駅へと向かっている。春の訪れを感じさせるひばりの声を空高く聞きながら、光降り注ぐ駅への道、僕のコンサルタントとしての人生が始まろうとしている。というのは、今年大学を卒業してＳＤＩ（ストラテジック・ディシジョンズ・インク）という外資系の経営戦略コンサルティング会社に入り、研修期間が終わって、今日からケース[1]に割り当てられることになっているからだ。仕事を割り当てることを、この業界ではアサインメントというので、アサインメントが決まるというわけだ。

一体どんなクライアントなんだろう、果たして僕が通用するような社会なんだろうか。いや、何としてでも、石にかじりついてでも実績を残して次のステップに行くんだ。駅に向かう道すがら、僕はこれから始まるケースに思いを馳せていた。午前八時半、会社に着いた。自分の席に行くと、もうアドバイザーの中原さんが待っていた。中原さんは、シニア・パートナー[2]の一人で社内ではコンサルタントとして技量、人格ともにナンバー・ワンというのが衆目の一致するところだ。

「中原さん、おはようございます」

「裕太、デビューの仕事が決まったぞ。ちょっと異例だが、かなり勉強になる仕事だ。厳しいけど、がんばってくれ」

「異例というと、どんな仕事なんですか?」

「三枝君のビジネス・スクールの同級生が商社を辞めて実家の豆腐店を継ぐことになってね、その店を事業化して大きく育てられないかという依頼なんだ。うちの会社で個人商店の仕事を扱うなんていうことは普通、ないんだが、三枝君の友達でもあるし、こぢんまりとして自由度の高いケースになりそうだし、彼女のパートナー[3]挑戦ケースとして受けることにしたんだよ。君と彼女の二人でやってもらう」

中原さんが「三枝君」と呼んだのは、一年前にビジネス・スクールを優等賞で卒業して入社した才媛のことだ。頭脳明晰でいつも冷静なところがかっこいいのだが、庶民的な親しみもあって、みんな「怜子さん」と呼んでいる。そんな怜子さんと仕事ができるのはラッキーだが、手厳しいところもありそうでちょっと怖くもある。それに、二人きりということは僕の仕事の成果も丸見えというわけで、言い逃れは一切できない厳しいケースになりそうだ。怜子さんにとってもパートナーになれるかどうかがかかっているから、かなり力が入るだろう。考えているうちにとても緊張してきた。

「早速九時からミーティングをするから第三会議室に来てくれ」

中原さんはそう言うとあわただしく自分の席に戻っていった。

（二）　豆腐店の事業化とは？

ミーティングまでまだ三十分あるので、とりあえず席について考えをまとめてみることにした。豆腐店を事業化するということは、売上を大きくして成長を続けるということだろうか。そのためには、今の製品である豆腐類の売上を大きくする……とすれば、大量生産して大量販売する、あるいはチェーン展開して店をたくさん出すなどの方向が考えられる。フランチャイズ・チェーンなんかいいかもしれないな。そうすると、どこかに大規模な工場を作って集中生産して各地に届けることになるかな。いや、待てよ。豆腐は毎朝作って届けないといけないから、やはり分散した工場で作るべきなのかな。ひょっとすると、各店舗で作らないといけないかもしれない。でもそうしたら規模の利益がないということだから、大規模化するメリットがないということなのだろうか。

……難しいな。そもそも豆腐製造とはどんな事業なのか知らないといけないな。先週、トレーニングで習ったアドバンテージ・マトリクス[4]で位置づけてみると、規模は効かなさそうだ。つまり、大規模化しても利益はないということだ。優位性獲得の可能性は少しあるのかな。そうすると、やはり分散型事業ということになるんだろうか。それを規模型事業にするにはどうしたらいいか、というのがメインテーマとなっているんじゃないかな。これはいい。ポイント

〈アドバンテージ・マトリクス〉

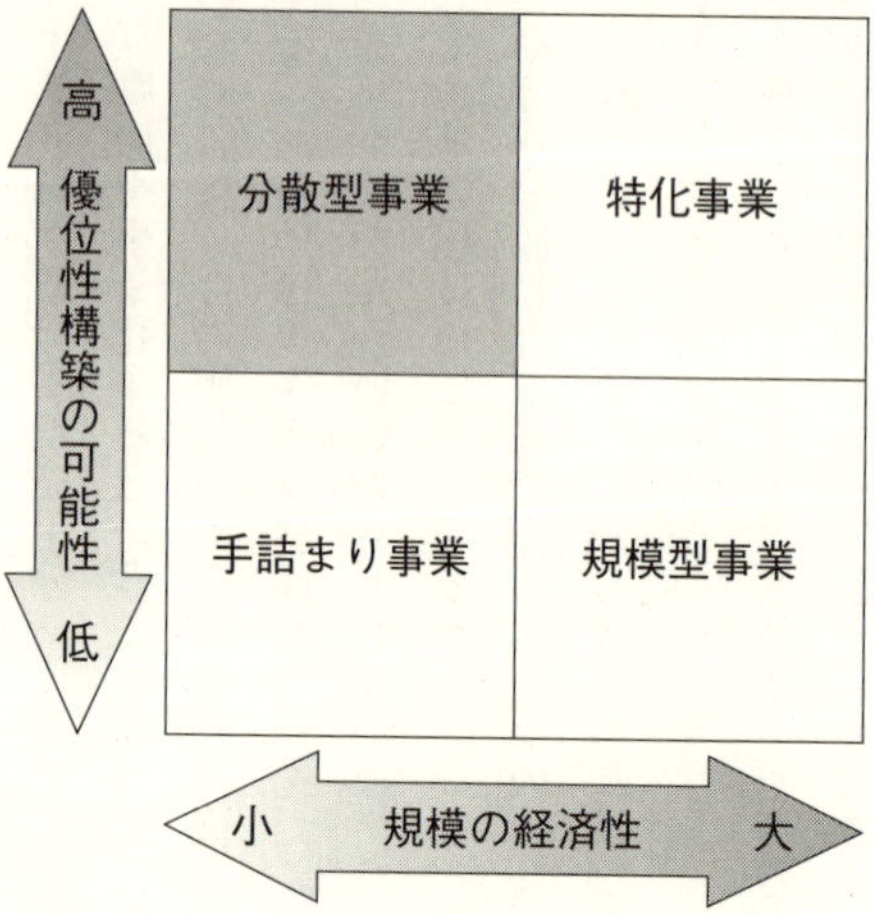

を突いたコメントになるかもしれない。確か、スーパーマーケットは零細な小売店が中心だった小売業を規模型に変えた典型的な例だったな。それと、トラック運送なんかも地域の個人事業が全国に配送網を持つ大規模運送業へと進化していった例だ。そうすると、ファミリー・レストランやファスト・フードは飲食店が分散型から規模型になった例かな。でも、食品製造業となるとどうなんだろう。規模型事業にするとなると、どんな手があるんだろうか。

やはり豆腐事業の理解を深めないといけないな。まずは、データとして豆腐製造の業界団体でも探して、豆腐製造業の平均的なコスト構造を見る。それと売上と利益などの経営状況。事業所統計を見れば平均的な従業員数とか、地域分布はわかる。それから、分散型から規模型にシフトした事業の例を研究する必要があるかもしれない。

これはけっこう大変な作業になりそうだ。どこから手をつけたらいいものか。

そんなことを考えながら第三会議室に行くと、もう中原さんと怜子さんが来ていた。

「裕太、来たか。それじゃ始めようか。とはいっても、私はほとんど形だけのアカウント・マネジャーだから、実質は、チーム・リーダーの三枝君と裕太の二人のチームということになる。早速だが、三枝君、チームメンバーにこのケースの背景と目的、クライアントの状況などを説明してください」

「はい。ではまず、今回のクライアントですが、上田豆腐店という個人商店です。昭和三十五年創業。前店主が高齢のために廃業する決意をしたのですが、それを聞いたご子息が急遽引き継ぐことになったものです。この後継者が上田昭雄さんといって、私のビジネス・スクールの同級生です。上田さんは大学卒業後、総合商社に入ってM&Aの仲介を行う業務開発室に勤務していた方で、豆腐には無縁です。でも、先代の店を廃業するには忍びないし、もしかしたらこの豆腐屋を事業として発展させられるのではないかと思い、店を継ぐことにしたようです。最初は迷っておられたのですが、実はビジネス・スクールで学んでいた頃から自分で事業を起こしたいという思いが募っていたようでして、この豆腐屋を継ぐことも一種の起業といえるのではないかと考えたそうです。つまり、店を発展させて永続的な事業としてやっていけるのではないかということだと思います」

「なるほど、そうすると目的はかなり抽象的になるけど、今の豆腐屋という家業を企業化して成長を続けるような体制に持っていくということだね。自由度が大きいだけに舵取りが難しいね」

そう言って中原さんはじっと上を見て考え込んでいた。何かずっと先を読んでいるような感じだ。僕は方向性がわからなくなり、不安になってきたので、口を挟んだ。

「でも、あまり選択肢が広いと何もできなくなるでしょうから、早めに進路を絞り込んだほうがよくないですか」

「そのとおりよ、裕太君。そのために、今日は上田さんを呼んであるの。彼がトップになるわけだから、彼の得意分野とか、好きな方向とかを聞いておこうと思ってね。やはり好きこそものの上手なれっていうでしょ。やる気が起こって、かつ能力が発揮できる分野ということで絞り込もうと思うの」

怜子さんが言い終えると、タイミングよく上田さんの来訪が伝えられた。程なく上田さんが僕たちのいる会議室に通された。上田さんは、いかにもバリバリの商社マンといった印象で、行動的で人を引っ張っていくようなタイプだ。

怜子さんが中原さんと僕を上田さんに紹介し終えると、しばらく豆腐の作り方など、上田さんと中原さんのよもやま話が続いた。そして一段落したところで怜子さんが切り出した。

「上田さん、早速ですが、これから家業を企業化するに当たって、あなたの展望というか、事業をどんな風に展開していきたいか、イメージがあったら聞かせてくださいますか？　今までいろいろとお考えになってきたことがあると思いますが、順不同でいいのでざっと話してください」

「相変わらず、ズバッと切り込んできますね。わかりました。私はあなたほど理路整然と頭を整理できないですから、話があっちこっち飛んでこんがらかるかもしれませんが、我慢して聞いてください」

上田さんは、どうも怜子さんには歯が立たないと思い込んでいるようで、こんな前置きをしてから話し始めた。

「私は、子供のときから親の店を継ぐということはあり得ないと思っていました。まあ、意識的に避けてきたのかもしれませんが、父も母も継いで欲しいと一言も言ったことはないし、自分自身、友達にも『絶対に継がないよ』なんて言ってきました。そして、商社に入り、ビジネス・スクールにも留学し、まったく違った進路を進んだわけです。しかし、父が『やめる』と言い出したときに突然、自分の心の中に閉じ込めてきたものが出てきたような気がしたんです。つまり、今まで『あって当然』でなくなるなんて考えてもみなかったものが、突然なくなるということが現実的になると、本当にそれでいいんだろうかと考えるようになったんですね。……まあこんな思い入れがあるということなんですが、要するにこれがきっかけとなって、父が長年育んできたものを消してはいけない、何とか存続させたい。そのためには自分がやるしかないのだろうと思うようになったんです。でも、今まで自分が築き上げてきたビジネスに関するノウハウと人脈は捨てられない、などと覚悟を決めかねていたんですが、よく考えてみると、父親の店だって立派なビジネスじゃないかと気づき始めたんですね。自分が今まで学んできたマネジメントの知識とノウハウだって活かせるんじゃないか、とか、人脈だって活かす場面がやってくるかもしれないと。そう考えると、急に目の前が明るくなってきて、やる気がみなぎってきたんです」

怜子さんが茶化して上田さんの話を遮った。

「早速その人脈を活かしに私のところに来たってわけね」

「三枝さん、相変わらず突っ込みが厳しいね。でも、まあそんなところです。……『そうだ、僕にはあの才媛、三枝怜子という味方がいるじゃないか』ってね。彼女に手伝ってもらえば鬼に金棒。もう、起業家として成功したも同然だと気が大きくなってきたわけです」

「まったくもう。ベンチャーなんて五パーセントも成功すればいいほうなのよ。そんな鬼に金棒なんてわけないでしょ。私だって相当なリスクを感じつつオーケーしたんですよ。たまたま中原さんのような懐の深いパートナーがいたから実現したようなものなんだから。……まあ、いいわ。で、とにかく話を前へ進めましょう。それで、目が開けたところでどんなことをしたいの。そして、どんなことができるの。何か漠然としたものでもあるでしょうから、やりたいことと、やれること、話して下さいますか?」

「はいはい。どうも前置きが長くてすみませんでした。具体的には、最近は健康ブームで、アメリカなんかではＴＯＦＵというとヘルシーメニューの代表みたいになっていますし、日本でもイソフラボンが急に注目されてきていますから、豆腐を使った食品から始めたいですね。豆腐アイス、豆腐チーズケーキ、豆腐あん蜜、それに豆腐バーガーなんか若い女性に受けそうな気がしますし、豆乳から作った乳液とかモイスチャー・クリームなんかもどうなんでしょうね。その先には豆腐料理のレストランをチェーン展開することも考えてます」

上田さんは、僕が考えていた事業の規模化とは違った方向で考えているようで少し驚いた。でも、なるほど、業種にこだわる必要はないし、できることはたくさんあるのか。それに、さすが華麗な履歴のビジネス・エリートだ。発想が豊かで、ポンポンとアイデアが出てくる。

「それはすごい、それでアメリカ、ヨーロッパに進出して、世界一のファスト・フード・チェーンにするとか、夢があっていいじゃないですか」

僕の相槌に、上田さんは我が意を得たりといった感じで、さらに勢いづいた。

「藤原さん、話が合いますね。もしかしたらファスト・フードでもファミレスでもない新しい業態、新しいビジネスモデルを開発できるかもしれない。たとえば、イタリアのバールとかスペインのタパスの豆腐バージョンみたいなもので、トーフ・ピザ、トーフ・サラダ、トーフ・ブルスケッタに豆乳コーヒーを売るとか、アメリカのドラッグストアみたいに、一方で豆腐化粧品を売りながら、店の一角でトーフ・バーガーみたいなファスト・フードを売るとか。いろいろ考えられますよね」

「そうすると、外食や小売の方向を目指しているということですね。わりと誰でも考えそうなことですが」

怜子さんがここで割り込んで、僕たちの暴走を止めにかかった。

「またまたきついですね。別に外食とか小売にこだわっているつもりはないんですけど、事業として大きくしていくには今のままでは無理だし、このくらいしか考えられないんじゃないですか」

「なぜ、今のままでは無理だと思うんですか」

今度は中原さんが言った。

「それは……だって、家族経営の零細企業ですよ。毎日夜明け前から仕事を始めて朝のうちにスーパーに届けなければならないし。もし豆腐製造だけで大きくなれるなら、もうとっくにそんな企業が出てきていいはずじゃないですか。ハウスとか味の素のような資金力のある大手食品メーカーでも参入してないですし」

これは点数稼ぎのチャンスと思い、僕もすかさず発言した。

「分散事業を規模型事業に転換できるかどうかという問題ですよね。つまり何らかのスケール・メリットができそうな要素を見つければ、豆腐製造だって規模型にできるかもしれないですよ」

しかし、さっき多角化を褒めたばかりなのに、僕もお調子者かな。

「日配ものは確かに規模化するのは難しいですね。しかし、練り製品では紀文のような例も出ています。豆乳も出していますしね。豆腐類一般が不可能かどうか、検討してみないとわからないですよ。今まで誰もやっていなかったことにこそチャンスがあるともいえるんです。ハウスとか味の素は基本的には常温食品のメーカーです。常温メーカーにとって、チルドの、その中でも最も傷みやすい日配ものをいきなり扱うのは容易なことではありません」

怜子さんは僕の一貫しない態度を責めずに、援護してくれた。

「わかりました。私の考えが浅かったです。では、多角化と規模化の二本立てで考えていただいてけっこうです」

「そうですね。それから、多角化の場合も外食や流通への業態転換と、日配ものやチルド食品一般などの水平展開も考えられますので、間口を広く捉えたほうがよいでしょう。さて、次は、何ができるかということになるわけですが、これは現有資産と能力の評価になるので帳簿類や現場の設備を見せていただいたあと、お父様も含めてじっくりお話を聞きに伺って分析させていただきます」

怜子さんが最後を閉め、次のミーティングの日程などを決めてお開きとなった。

（三）　収益性圧迫要因は何か

ミーティングが終わったあと、怜子さんとケースの今後の進め方、仕事の分担などを打ち合わせた。僕は、豆腐製造事業の業界構造分析のための資料を集め、上田豆腐店のキャッシュフロー計算をすることになった。三日かけて、新聞・雑誌記事の検索をし、豆腐業界誌、豆腐に関する本などをかき集め、また、スーパーとデパ地下に出かけて行って豆腐製品の種類やブランド、価格帯を調べ、産地や原料などの売り文句を見たり、豆腐類を買いに来る顧客の観察もした。

猛勉強の末、豆腐業界について大体の知識を得ることができた。家族でやっているような零細企業ばかりかと思っていたが、意外に年商十億ほどの大規模な企業もあることがわかった。大規模といっても食品メーカーとしてはかなり小さいほうだと思うが。それから上田さんの言っていたとおり、最近は健康ブームでデザートに豆乳を使ったり豆腐そのものに黒蜜をかけたりしたものが流行っているらしいこともわかった。甘いものは食べたいけど、カロリーの摂り過ぎには注意したい女性が買うようだ。

次に上田豆腐店に行って帳簿類をコピーしてきた。これでキャッシュフロー[5]を計算するわけだ。それにしても、怜子さんはなぜ利益でなく、キャッシュフローと言ったのだろう。どうもキャッシュフローってよくわからないな。入社後のトレーニングで財務の先生が言っていたのは、「会計上の利益[6]は理論上の儲け、キャッシュフローは事実としての儲け」ということだ。また、会計上の利益は物の価値によって計算されるのに対し、キャッシュフローは現金によって計算されるとも言っていた。事業とは現金を投入して現金を得ることだとすればキャッシュフローを使うのが正しいということだろうか。でも、それじゃ、会計上の利益は何のためにあるんだろう。

悩んでいるよりも聞いたほうが早いと思い、アドバイザーの中原さんに聞きに行った。SDIナンバー・ワンといわれているコンサルタントにこんな質問をするのは気が引けるが、アドバイザーなのだから甘えてしまおう。そう考えて質問すると、「その分析の目的は何だと思う?」と逆に聞き返された。

「確か、『何ができるか』をみるためだったと思います。そのためのリソースや能力の一つとして財力を評価するということでしょうか」

僕はよくわからなかったが、先日の上田さんとの会議中に思ったことをそのまま言ってみた。

「その『財力』とはどういうことだね」

「お金をどれだけ持っているか、とか、お金をどのくらい借りてこられるかということだと思います」

「今、君は『お金』と言ったね」

「……そうか。『お金』イコール、キャッシュですよね。つまりキャッシュフローが大事ということですか。」

「そう。具体的に言うと営業キャッシュフロー[7]ね。つまり、新しいことを始めるためには投資が必要なわけだが、その投資のための原資としては、第一に事業で儲けたお金を持ってくるべきなんだ。借金するとそれなりのリスクがあるからね。大企業なら資産を担保にお金を借りてこられるけど、それも儲かる見込みが高い場合に限らないと失敗したときの損失が大きいんだよ。ましてや、資産のあまりない小さな企業にとっては借金すること自体大変だし、ちょっとした借金でも失敗したら倒産に直結してしまうだろう？　借金したお金を使って投資をするということは、成功したときの儲けが大きい代わりに、損をしたときも大きくなるんだ。これをレバレッジ[8]といって、借金した分だけハイリスク、ハイリターンになることをいうんだよ。結局、小規模な会社にとってはリスクを取れないから、上田豆腐店の場合は特にキャッシュフローが大事なんだよ」

「なるほど、よくわかりました。でも、それじゃ、どうして会計上の利益というものがあるんですか？」

「それも目的によるんだ。たとえば、経営者の業績を評価する場合にフリー・キャッシュフロー[9]を使ったらどうなる。フリー・キャッシュフローは投資をしたあとに残った現金だから、大きな設備投資をしたら急激に減ったり、マイナスになったりしてしまう。それが、いくら有

会計上の利益と各種キャッシュフローの関係

キャッシュフローは、会計上の利益から現金の移動をともなわない費用や売上を取り除いたもの。たとえば、減価償却費はその期には現金は出ていっていないが、過去に投資した財産が目減りしているとみなして費用としている。また、売上に計上しても支払いを受けていない部分は現金をともなわない売上となる。典型的には次の式の関係がある。

(営業キャッシュフロー)
=(会計上の税引後利益)+(減価償却費)−(運転資本の増加額)

(フリー・キャッシュフロー)
=(営業キャッシュフロー)+(投資キャッシュフロー)
ただし、
(運転資本)=(棚卸資産)+(未回収債権)−(未払い債務)

(投資キャッシュフロー)
=(投資から得られた現金収入)−(投資による現金支出)

詳しくは、拙著『戦略的財務のスキル』(日科技連出版社)第3章参照。

望な投資でもだ。だから、経営者としては投資をしたがらない、つまりリスクをとりたがらなくなってしまう。かといって、営業キャッシュフローを使ったら、経営者の投資判断をまったく評価しないことになるから、今度は逆に好きなように投資をさせてしまう。つまり、放漫経営を許してしまうことになるだろう。会計上の利益は設備投資をしたら全部が損金になるわけではなくて減価償却費として何年もかけて引いていくから安定的になるし、減価償却費を引くから投資判断も評価していることになるんだよ。まあ、いろいろ問題点はあるから最近はＥＶＡ[10]を使う企業も少なくないけどね。さらに、税務署にとっても、フリー・キャッシュフローを使ったら投資額によって大きく乱高下することになるから、安定的な会計上の利益の方が有利といえるね」

「なるほど、わかりました。随分奥深いんですね、財務って」

まだ半分わからないような表情で僕は言った。

「決して難しいわけではないんだけど、考え方、解釈の仕方がいろいろあるし、何が正しいということもないので、勉強するごとに新しい発見があるもんだよ。これからも機会があるごとに疑問を抱いて、自分の頭で考えてみるといいよ」

やっぱり中原さんに聞いてみてよかった。これからも疑問を感じたらよく考えて追求してみることにしよう。

業界構造分析は怜子さんと話し合いながらすることになった。業界構造分析とは、いわゆる五大要因分析だ。これは、業界の魅力度、平たくいえば平均的な企業の収益性を評価するために、収益性に影響を与える要因を五つに分けて分析するツールだ。これによって、業界全体として儲かるような状況なのかどうか、それは構造的なものなのか、一時的なものなのかがわかる。企業にとっては外的要因を見ることになるので、自分ではどうにもならないアンコントローラブルな要素を見るようだが、すべてがアンコントローラブルなわけではない。たしか、構造不況の業種で合併をすることは業界全体の供給能力を絞ることにより買い手の交渉力を緩和する例だとか、ＪＡＬとＡＮＡの東京－大阪間のシャトル便は新幹線という代替品に対する相対的魅力度を上げた例だとか習ったな。

まずは、真ん中の「業界内の競争」から始まった。これは、同業者同士の競争の激しさだ。

「それじゃ、まず市場の成長性。これはどう？」

市場が成長していればパイの食い合いにならないから競争は激しくならない。つまり市場が成長しているということは業界魅力度にとってプラス要因だ。

「成長率はほぼゼロです。健康ブームで伸びているような気はしたのですが、一部の外食やデパ地下で売られているデザート類が目立つだけで、家で食べる人の数も回数も増えてないようです」

「それじゃ、今後も伸びは期待できないわね。差別化要素は？」

差別化要素があるということは価格以外の要素で競争できるということなので、付加価値を

〈豆腐製造業界の業界構造分析〉

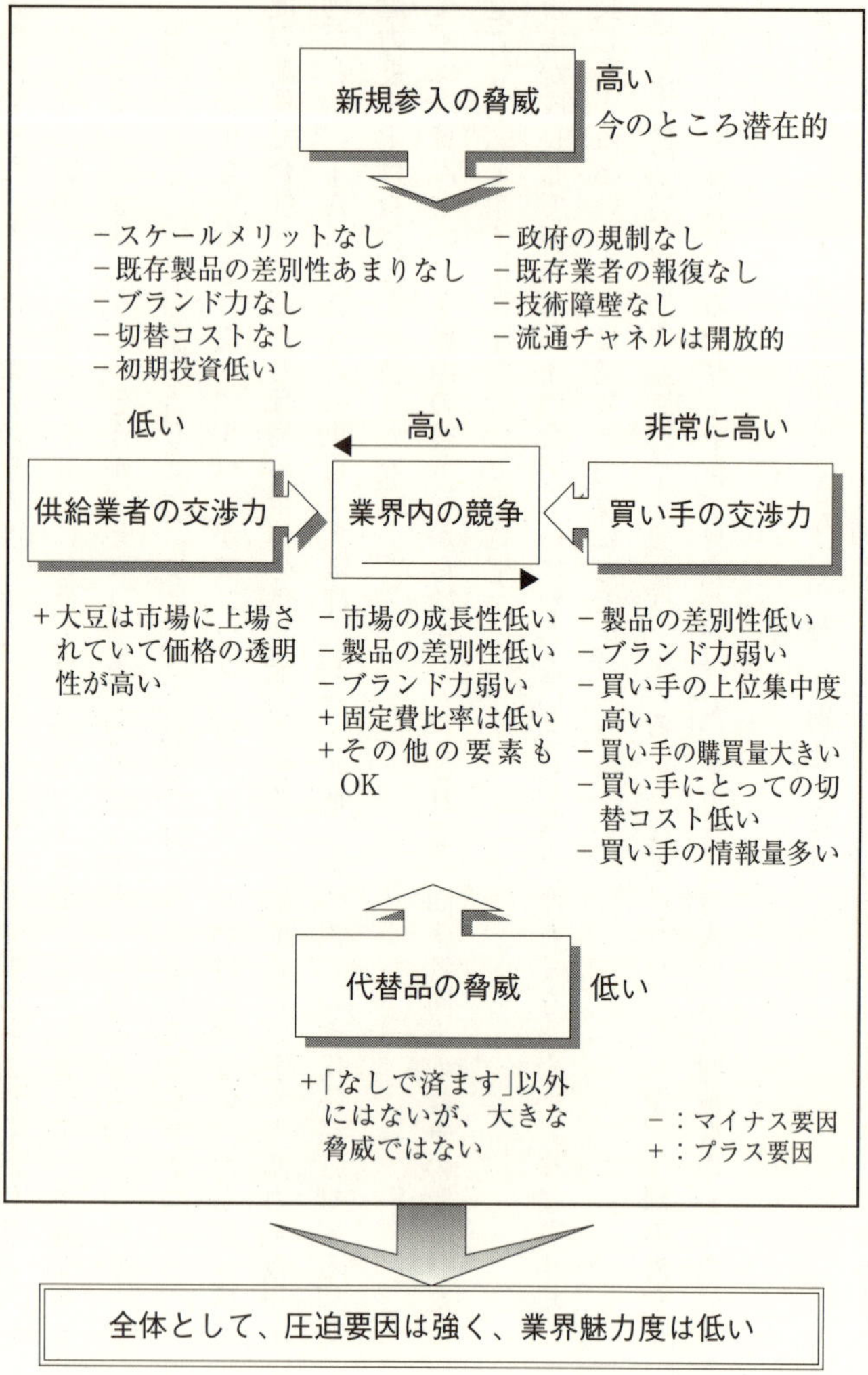
新規参入の脅威
高い
今のところ潜在的
－スケールメリットなし
－既存製品の差別性あまりなし
－ブランド力なし
－切替コストなし
－初期投資低い
－政府の規制なし
－既存業者の報復なし
－技術障壁なし
－流通チャネルは開放的
低い
供給業者の交渉力
＋大豆は市場に上場されていて価格の透明性が高い
高い
業界内の競争
－市場の成長性低い
－製品の差別性低い
－ブランド力弱い
＋固定費比率は低い
＋その他の要素もOK
非常に高い
買い手の交渉力
－製品の差別性低い
－ブランド力弱い
－買い手の上位集中度高い
－買い手の購買量大きい
－買い手にとっての切替コスト低い
－買い手の情報量多い
代替品の脅威
低い
＋「なしで済ます」以外にはないが、大きな脅威ではない
－：マイナス要因
＋：プラス要因
全体として、圧迫要因は強く、業界魅力度は低い

取りやすく、収益性が上がるというわけだ。

「これはけっこういろいろあります。たとえば、原料を国産丸大豆にするとか、消泡剤を使わないとかです。あとは産地や使っている水でも差別化している製品がいろいろありました」

「そういうことはどのメーカーでもやろうと思えばできることだからあまり大きな差別化要素とはいえなさそうね。どの製品でも、原料とか産地を示す何らかの説明書きがあって、差別化しようとしているんじゃないの？」

怜子さんに指摘されて、僕はちょっと動揺した。

「そういえばそうですね。何も書いていない製品は見ませんでした」

「それじゃあ、差別化も難しいということね。次は固定費比率。これはどう？」

固定費が大きいとたくさん売れば売るほど単位当りのコストが下がるから、業者は価格を下げてでも多く売ろうとする。したがって、価格競争が起こりがちになるということだ。

「零細企業では設備の償却はほとんど終わっているので、非常に低いです。年商十億円くらいの企業もありますが、それでも設備投資は数百万円がいいところで、償却負担は少ないです。人件費も工場ではほとんどがパートなので固定費になっていませんし」

「そうすると、固定費は問題なしか。その他の要因で問題になりそうなものはなさそうね。そうすると、市場が成長していないことと、差別化要素がないことで、既存業者間の競争はわりと強い『中から高』といったところかな。それじゃ、他の要因を見てみましょうか」

次に、「代替品の脅威」に目を移した。

「代替品はないと思います」

「あるとしたら、『なしで済ます』ことくらいでしょうけど、豆腐を食べない人が増えていくというデータもないでしょうから結局、代替品の脅威は弱いということね」

「そうですね。それから『供給業者』ですが、大豆は市場に上場されていて価格の透明性が高いので供給業者の交渉力は低いです。もっとも、豆腐製造者の購買量によって値段は違うでしょうけど、業界全体としては供給業者の力はあまり高くないということですね。あとは水くらいですが、これも特別な水を買わない限り、水道局で料金は決まってますから、交渉力は高くないです。次は『新規参入の脅威』ですが、豆腐製造に参入してくる業者はあまり考えられないです」

「ちょっと待って。それはそうかもしれないけど、ここでは参入障壁が高いかどうかが問題となるのよ。だから、実際に参入する魅力があるかどうかではなくて、参入しやすいかどうかだけを考えるの。そうすると、スケール・メリットはないし、製品もあまり差別化されていないし、零細企業が多いから流通を抑えているようなところもないでしょ。だから参入障壁は低い、つまり新規参入の脅威は高いということ。ちょっと考えてみても、豆腐を作ってスーパーに卸すことくらい簡単にできそうでしょ。もちろん、おいしい豆腐を作るのに修行はいるでしょうけど、作れる人を雇ってくればいいわけだから、やっぱり簡単といえるでしょ。じゃ、次。

『買い手の交渉力』ね」

またミスしてしまった。自分の理解の浅さにがっかりしたが、ここで萎縮してはいけないと思い、気を取り直して「次は大丈夫だぞ」と自分に言い聞かせ、話を続けた。

「はい。買い手をスーパーとコンビニとすると、限られた有名な豆腐店を除いたら製品の差別性はあまりないし、ブランド力もないし、買い手の上位集中度も購買量も高いし、切替コストも低い、といった具合で豆腐メーカーにとってはマイナス要因が目白押しです。つまり買い手の交渉力ははっきり高いといえます」

製品の差別性やブランド力がないと、買い手はどれを選んでもあまり変わらないから、安いほうを選びがちになる。買い手の上位集中度が高いとは、小数の買い手の買う量を合計すると業界全体の購買量の大部分を占めることだ。たとえば上位三社で九十パーセントといった具合だ。そうすると、当然、買い手は売り手に対して「無理しておたくから買わなくても他から買いますよ」といえる有利な立場に立つことができる。上位集中度があまり高くなくても、買い手の平均的な購買量が大きいと（たとえば、五社がそれぞれ二十パーセントずつ買う）、売り手にとっては一社の販売先を失うことは痛手が大きいから、買い手の立場が有利になる。つまり、これらは買い手の立場を有利にする要因なのだ。しかし、業界によっては、こういう有利に立てる要因がたくさんあってもその立場を利用しない、つまり潜在的な力を発揮しない場合もある。そこで僕は続けた。

「これらは潜在的な能力の要素ですが、さらにスーパーでは豆腐を目玉商品として値引きの対象にすることが多く、顕在的にもこの能力を発揮しています。つまり豆腐製造者のほうは実際に値下げ要請を受けたら従うしかないし、頻繁に要求されるようです。買い手はあと、デパートと、居酒屋や和食店などの外食、それから店頭販売の消費者への直販がありますが、全体の一割程度なのであまり影響はないと思います」

「OK。じゃ、全体をまとめてみましょうか」

やれやれ。怜子さんにOKと言われてほっと息をついた。

「結局、既存業者間の競争がわりと高く、さらに買い手の交渉力がかなり高いので、豆腐製造業界全体としての魅力度は低いということですか」

「そういうことね。それでこの構造を変えることができないのなら、いつまでも収益性は低く、利益成長できない。企業として成長していくためには、やっぱり新規事業に打って出るべきだということになるわね。実際、スーパーとかコンビニの力を弱めるなんてできないでしょうから、上田さんの感覚が当たっているということかなあ……」

怜子さんは他に手はないかとまだ考えているように言った。

「なるほど、上田さんもさすがですね。じゃあ、やっぱりデザート類の外食チェーンですかね。商品開発のためにいろいろ買ってきましょうか」

僕は怜子さんの気も知らず、新規事業の話に入ろうとした。

「そうね。最近話題のものを食べてみたいわね。……ちょっと待って、そう先を急がないの！次はキャッシュフローよ。資金的な余裕がどのくらいあるか見ないといけないし、さらにそのあと、技術的にデザート類とか外食チェーンに進出する能力があるかどうかも見ないといけないでしょ」

しまった。つい本題を外れて興味のある方向に行ってしまうなあ。

（四）　キャッシュフロー分析――事業拡大の原資は十分か

いよいよ苦手のキャッシュフローの説明だ。緊張するけど「大丈夫。ここは一番時間をかけたんだ。ミスはないはず」と気持ちを落ち着かせて説明を始めた。

「キャッシュフローは一日の売上が豆腐換算で七百丁、平均単価が七十円なので金額にすると四万九千円です」

僕はエクセルで計算したもののプリントを怜子さんに指し示しながら説明した。

「原材料費は、一丁当たりの原単位が大豆で八円なので、一日約五千円、で、一日の粗利が大体四万四千円となります。月二十日操業で年間の粗利が一千百万円くらい、ここから水道光熱費、家賃、雑費、減価償却費を引いてやると営業利益として五百九十万ほど残ります。所得税が百二十万で、税引き後利益が四百七十万円となります」

これが会計上の利益だ。営業キャッシュフローを出すためには、ここから現金との食い違いを足したり引いたりしなければならない。まず、現金支出のない費用を足し戻してやる。第一は減価償却費だ。

「償却費は年間で十万なので、足し戻してもほとんど変わらず、四百八十万円です」

次に、売上として計上されていてもまだ現金として入金されていない部分である売掛金を引

〈上田豆腐店の営業キャッシュフロー〉

	日	月	年
売上個数(丁)	700	14,000	175,000
売上金額	49,000	980,000	12,250,000
原材料費	5,250	105,000	1,312,500
粗利	43,750	875,000	10,937,500
水道高熱費	3,333	100,000	1,200,000
家賃		300,000	3,600,000
雑費	333	10,000	120,000
減価償却費	274	8,333	100,000
経費計	3,941	418,333	5,020,000
利益	39,809	456,667	5,917,500
所得税		91,333	1,183,500
税引後利益		365,333	4,734,000
売掛金			1,960,000
原料在庫			150,000
買掛金			150,000
運転資本			1,960,000
営業キャッシュフロー			2,874,000

税引後利益に、減価償却費を足し戻し、売掛金を引く(原料在庫と買掛金は相殺、運転資本の増加はなし)

いてやる。逆に、原料を仕入れて費用として計上されているのに、まだ支払いを済ませていない部分、つまり買掛金を足してやる。それから、仕入れた原料で支払いを済ませたものの、まだ製品化されて売れていないものは費用計上されていない部分、つまり在庫（棚卸資産）を引く。ただし、ここでは仕入れてから売れるまでと、支払うまでの期間がほぼ同じなので、言い換えると買掛金と在庫が同じなので、この二つは考えなくてよいことになっている。

「売掛金は六十日で回収しているので、これに一日の売上をかけて、約二百万円です。原料の大豆は一度に二トン買って一カ月で使い切るのですが、買掛金も一カ月で支払っているので、相殺されます。したがって、年間の営業キャッシュフローは、税引き後償却前利益の四百八十万円から売掛金の二百万円を引いて、約二百八十万円となります」

ここまで、怜子さんはじっと計算表を見ていて、うなずいていた。どうやらミスなしに済んだようだ。そこで僕は、思い切って一つ言ってみることにした。

「これには人件費が入っていないから、自分たちの人件費を機会コストとみると、実質的にはほとんどゼロというかマイナスということですかね」

「いえ、ここでは実際、いくらの現金を手にしているかを見たいから生活費だけ引けばいいでしょう。それが事業の投資にまわせる額ということになるでしょ。まあ、家賃を除いて生活費に百五十万円、老後の備えとして五十万円ずつ貯蓄するとして、残るのは五十万から八十万てとこね」

サマリー

(1) 豆腐製造業界は既存業者間の競争が厳しく、買い手（スーパー、コンビニ）の交渉力が非常に強いので、魅力度が低い

(2) 上田豆腐店の営業キャッシュフローは年間50万円ないし80万円である

(3) したがって、デザート類などの試作品作りから始め、徐々に新規分野の事業を拡大していくべきである

最後に少し判断を間違えたか。まあ、これも一つ賢くなったと思えばいいか。

「そうかあ、そんなに儲からないのか。やっぱり業界構造が悪いことを反映してますよね。投資のための原資としてはあと、剰余利益というか今までの利益の蓄積として一千万円、中原さんの退職金が一千万円で合計二千万円の現金はあります」

「よかった。うちへの支払いは確保できるということね」

怜子さん、そっちの方へ話を持っていくんですか。さすがパートナー候補というべきか……。

「じゃあ、うちに払ってもらったら、毎年のキャッシュフロー以外ほとんど何も残らないということですか？」

「いえ、まあ、うちへの支払いは延払いとか、ストックオプションにしてもらうとかでもいい

けど……上田さんの貯金もあるでしょ。でも、そう悲観的にならないの。新規分野がうまく回り始めればあっという間にキャッシュフローも改善されるかもしれないじゃない。とにかく、今日わかったことをまとめて、中原さんとミーティングしましょう。それまでに、まとめを作って中原さんに渡しておいてね」

「はい、わかりました」

僕はこのミーティングのあとで自分の席に戻り、数時間かけて、詳しい資料を添付したサマリーを作った。

（五）　儲からない事業から新規事業へシフトするべきか

「よく分析できているが、二つだけ疑問点がある」

ミーティングが始まるなり、中原さんが切り出した。何かミスをやらかしたんだろうかと心配になり、瞬間的にいろいろ思い起こしながら、「何かおかしなところがありましたか？」と聞き返した。

「裕太君、そう身構えなくていいの。何も修正点がないのなら中原さんとミーティングする意味はないじゃない」

怜子さんは落ち着いている。本当にこの人はいつも冷静だ。

「そういうこと。私はアドバイスを与えるのが役目なんだからね。さて、第一点は、業界構造分析。魅力度が低いという結論は正しいと思うんだが、それは、買い手の交渉力が強烈に強いからであって、既存業者間の競争はあまり激しくないのではないかね」

これは不思議だ。この部分は自信があったのに、どこが間違っているんだろう。

「市場が成長していないのは事実だし……差別化がしやすいということですか？」

あれ、もしかしたら僕の見解が正しくて怜子さんが間違っていたのかな？

「いや、そうじゃないんだ。大豆とか水、にがりなどの原料で差別化するのは確かに誰にでもできそうで長続きしないからね。供給源をすべて押さえるなら可能かもしれないが」なんだ。やっぱり怜子さんの言ったとおりだった。でも、そうすると一体何がおかしいのだろう。すべての要因をくまなく検討したつもりなんだけど。

「二人とも割り切れない顔をしているな。じゃあ、実際に豆腐屋さんが激しく競い合っているという感じはするかい？」

「そういえば、そんな雰囲気は感じられませんね。激しく値引き競争をしているとか、シェア争いをしているとか、聞いたことありませんね」

僕も怜子さんも怪訝な顔で、理由がわからず考え込んでしまった。数十秒の沈黙が続いたあと、中原さんが口を開いた。

「いや、実はこれはどの解説書にも書いていないことで私だけの考えかもしれなんだが、業者間の競争については「スケール・メリット」がかなり重要だということなんだ。つまり規模が効かない事業では業者間の競争は激しくならない傾向があるということ。古典的なアドバンテージ・マトリクスで説明すると、左側の『規模の効かない』箱、つまり分散事業と手詰まり事業では、業者間の競争自体はさほど厳しくないということになるんだ。手詰まり事業で業者間の競争が激しくないというのはやや奇異な感じがするが、実際、収益性は落ちるところまで落ちてしまってもう競争はしていない状態になっているんだよ。やはり古典的なコンセプトに出てくることはそれなりに重要性が高いということだな」

〈アドバンテージ・マトリクス〉

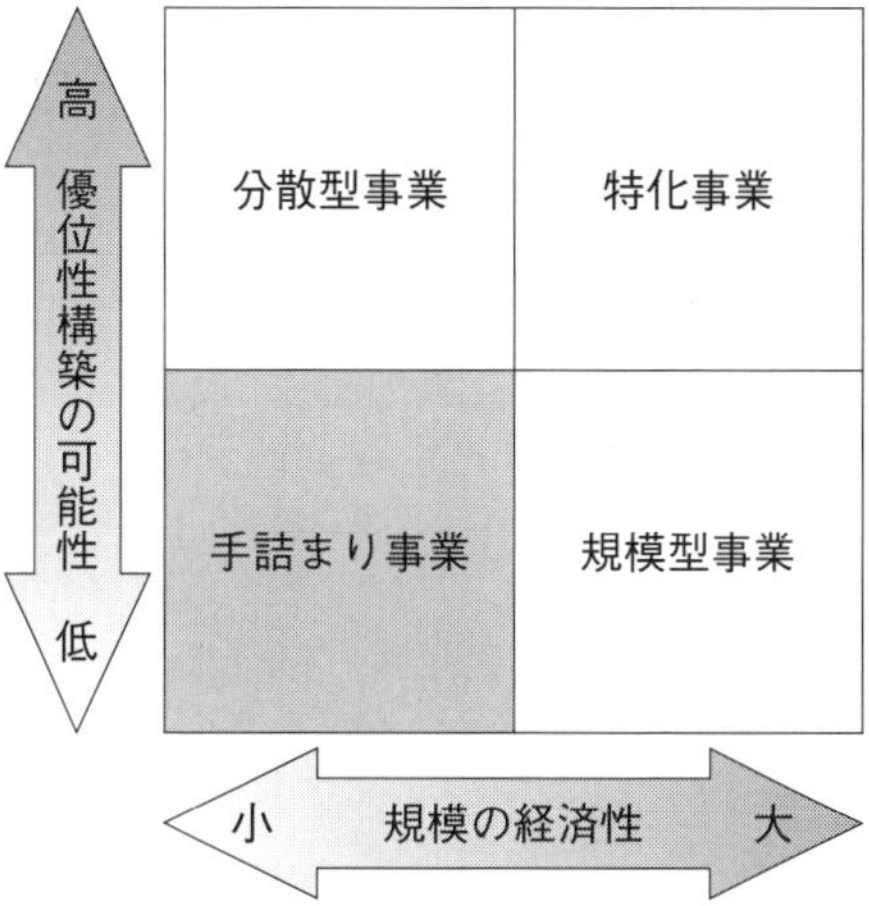

なるほど、中原さんにそう言われるとそんな気がしてくる。でも、どうしてだろう。

「豆腐製造業は、スケール・メリットがなく、差別化もあまりできないということだから、アドバンテージ・マトリクス上では、手詰まり事業に入るわけだな。まったく差別化できないわけではないから分散事業に入るかもしれないが。いずれにしても作れば作るほどコストが低くなって儲かるというわけではないから、製造能力を拡大するインセンティブがあまり働かないだろう。既存業者のほとんどが個人の経営であればなおさら大きな設備投資をして規模を拡大しようとは思わないね」

「それで、現在でも豆腐屋さんは地域に分散したままの状態でいるわけですね。そして、地域ごとに見れば、ほとんど一店で独占していてシェア争いにならない。新規のスーパーに扱ってもらおうとするとよほどの差別性がない限り値段で勝負するしかないですけど、それは豆腐屋同士の争いというよりも、スーパーとの交渉力の問題ってことですよね」

　怜子さんが頷いて言った。

「そういうこと。まあ、結論としては、『買い手、特にスーパーとコンビニの交渉力が非常に高いため、業界魅力度は低い』ということになるね。その次の疑問点だが、業界魅力度が低いからといって、なぜすぐに新規分野へ行くべきということになるかということだ」

「それは、業界構造を良くするのは無理ですから……いや、無理ではないですけどスーパーやコンビニなどの交渉力を下げるのは難しいですから……」

　中原さんはなぜそんなことを聞くのだろう、という表情で、怜子さんは訝しげに言った。

「なぜ難しい？　一度は考えてみたのかい？」

「いえ。まだ考えてませんでした」

「常識にとらわれてはいけないよ。もう少し体系的に考えてみよう。業界魅力度と自社の優位性のマトリクスを描いてみると、上田豆腐店の豆腐製造事業はどの辺にくる？」

　中原さんは立ち上がるとホワイト・ボードに手早くマトリクスを書きながら質問した。

「業界魅力度が低くて、自社の優位性は他と特に変わりはないですから、真ん中の下のほうですか」

〈ポートフォリオ・チャート〉

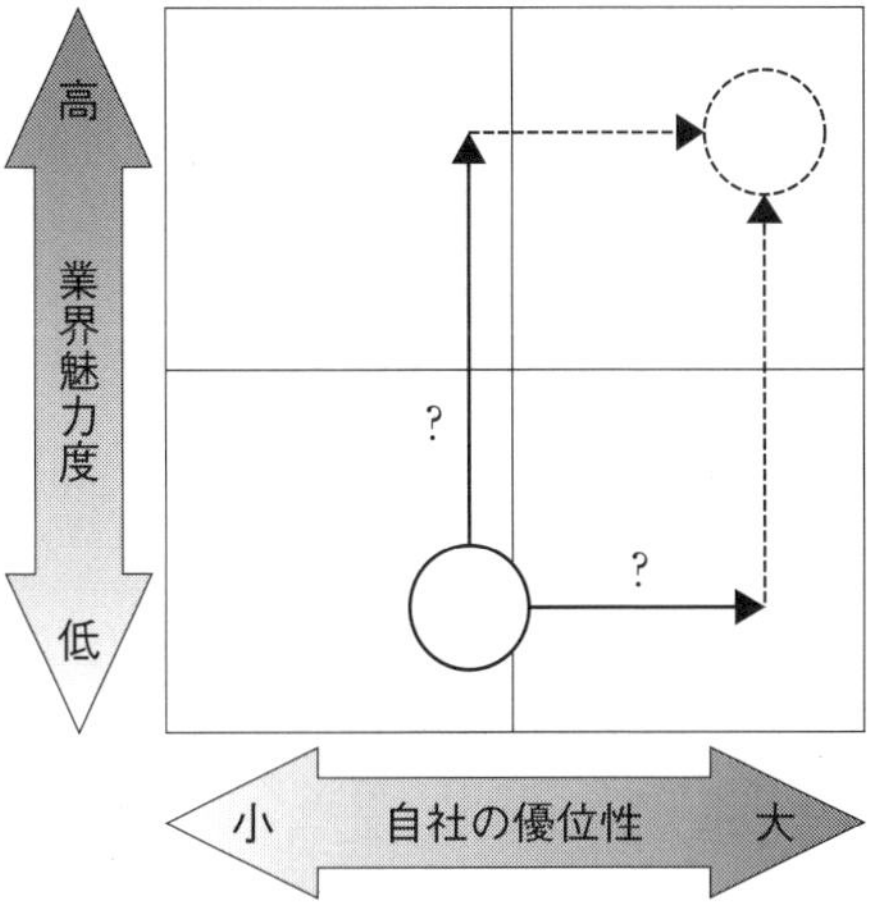

僕も立ち上がって丸を書き込みながら言った。

「そう、真ん中低目ね。ここから収益を改善して事業を成長軌道に乗せるためにはどの方向が考えられる？」

中原さんはさらに質問してきた。

「できるだけ右上の事業を持ちたいわけですから、いきなり右上にくるような新規事業を始めるか、そうでなければ現在の事業を上に持っていくか、または右に持っていくかですね」

僕は図に矢印を書き込んでいるうちに、頭の中も整理されてきた。

「そうか、いま中原さんが検討しろと言われたのは、既存事業を上に持っていけないかということですね。そして僕たちの考えは、いきなり右上は無理でも、まずは左上にくるような事業をもってきて、それからできるだけ右にもっていこうというものだったということですね」

そう言って、僕は改めて図を見た。見ていると、今まで考えていたことがすべて位置づけられるのが面白い。

怜子さんは「なるほど」と言いながら膝を打って、解説を始めた。

「まとめると、今考えるべきことは大きく分けて二つ、つまり既存の豆腐製造業を良くしようということと、新規分野に入っていってそこで成功しようという方向とがある。既存分野の強化はさらに二つに分かれて、業界環境を良くするか、自社の優位性を上げるかのどちらかになる。新規分野はできるだけ業界魅力度の高いもので、自社が優位性を獲得しやすいものを探すということですね」

「既存分野の強化で重要なことは、業界環境を良くするには、買い手の交渉力をどうやって弱めるかということですよね」

僕は今日学んだことを反芻しながら言った。

「そう。相手を弱めることばかりでなくて、相対的に相手の力が弱まればよいのだから、自分たちの力を上げる方法でもいいのよ。それから自社の優位性だけど、これは差別性、それもできるだけ持続的な差別性を獲得するか、それともスケール・メリットの出るようなビジネスモデルにして先にマーケットシェアをとってしまうという手もありますね」

〈戦略構築のロジック〉

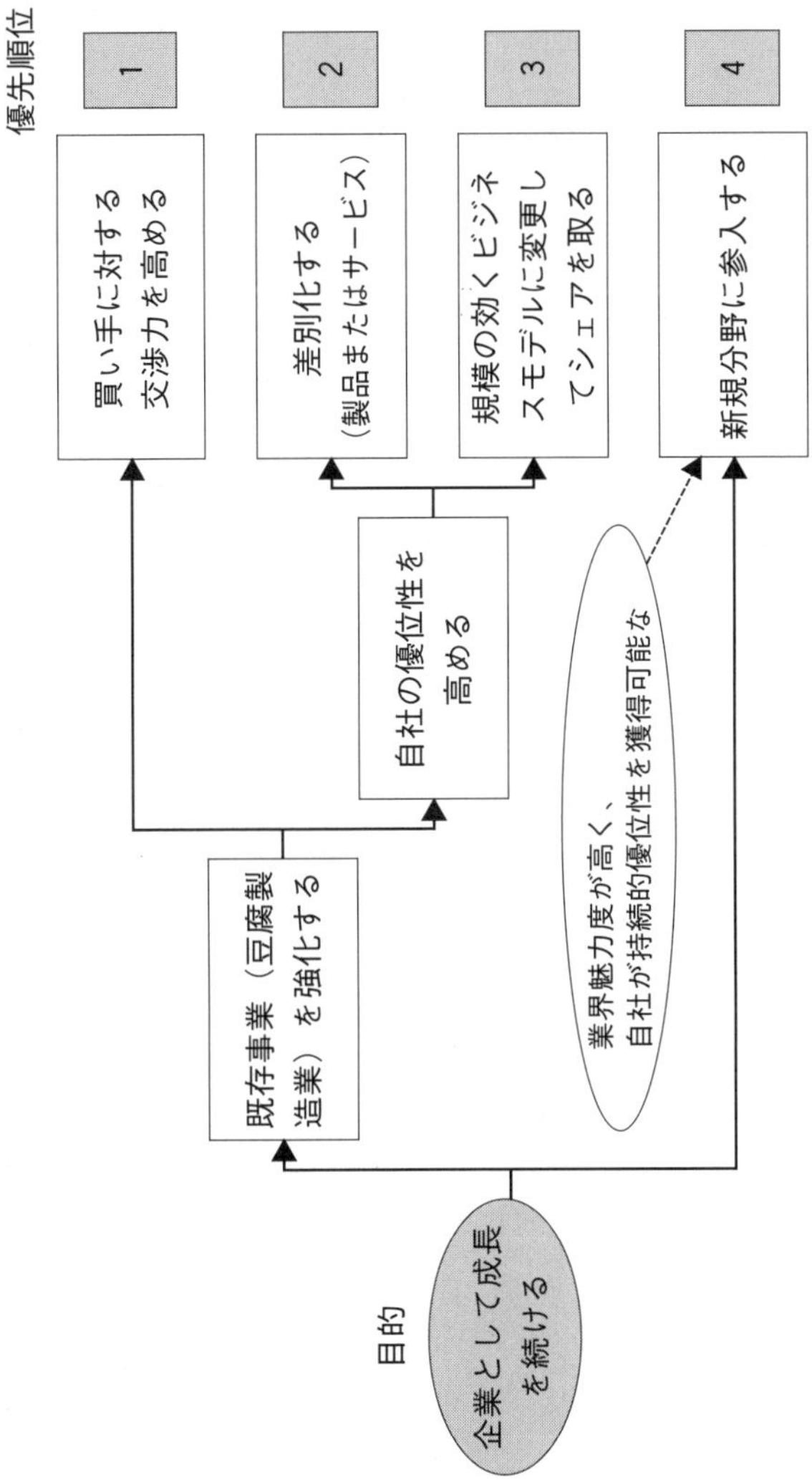
目的
企業として成長を続ける
既存事業（豆腐製造業）を強化する
自社の優位性を高める
業界魅力度が高く、自社が持続的優位性を獲得可能な
買い手に対する交渉力を高める
差別化する（製品またはサービス）
規模の効くビジネスモデルに変更してシェアを取る
新規分野に参入する
優先順位
1
2
3
4

怜子さんは集中して考えているようだ。スケール・メリットの出るようなビジネスモデルにして先にマーケットシェアをとってしまうというのは、たとえば、カシオが電卓で成功したように、消費者が買ってくれる値段をまず決めて大量生産し、スケール・メリットによってコストを下げて利益を出すというようなことだ。怜子さんはさらに一つひとつ確かめるように考えながら話し続けた。

「でも、スケール・メリットがあって差別性がない場合、今度は本当に同業者間の競争は激しくなるから、危険度は高いですね。やはり差別性を出すのがいいでしょうね。ただ、製品の差別化は持続性を持たせるのが難しいから、サービス面での差別性をだすか、買い手に対して相対的な力を高めるかを優先的に考えましょう。それと同時並行で新規分野を考えてみましょう。いや、でも今はキャッシュをほとんど稼いでいないからいきなり新規分野で成功するのは難しい。やっぱり現在の事業でキャッシュを稼げるようにして体力を高めてから新規分野を攻めたほうがよいということになりますよね」

「そういうことだな。新規事業は話として盛り上がるし元気が出てくるんだが、実際は大変な体力と忍耐力を必要とするから、小さい企業は気をつけないとあっという間にすべてを失ってしまうんだ」

中原さんは一度言葉を切った。

「さて、上田さんとミーティングをするまでに、具体的に業界構造をどのようにして改善するか、つまりスーパーに対する交渉力をどうしたら上げられるか考えておいてくれ」

　中原さんの最後の言葉が心に引っかかったので、ミーティングが終わってから、怜子さんに聞いてみた。

「具体的な施策を考えておけって言っても、そう簡単に思いついたら苦労はないですよね」

「そうね、これはアイデア勝負だから、こうすれば出てくるというような方法はないわね。なんでも手法で答えが出るんなら、戦略はすべてコンピュータに任せておけばいいことになるしね。でも、アイデア勝負だからこそ、データはいらないということでしょう？　だったら時間をかければいいというものではないから、もしかすると簡単に良いアイデアを思いつくかもしれないわよ。必要な知識は裕太君の頭の中にあるんだから、これからゆっくり食事でもしながら考えましょうか」

　怜子さんと食事に行くのは嬉しい。でも実は怜子さんはすごい酒豪なのだ。明日に差し支えないか心配だったが、やはり一人で考え込むより二人で盛り上がって話していればいろいろと発想できてアイデアが沢山湧いてくるのだろうと思った。

「いいですね。ブレスト[11]ですね。きっといいアイデアが出ますよ」

　僕は前向きな態度を見せた。

（六）　業界の魅力度を高める方法

アメリカ帰りのエリートである怜子さんだから、きっと流行の最先端をいく格好いい店に連れて行ってくれるのだろうと期待していたのだが、着いたところはビルの谷間にある屋台だった。なんだか探偵もののドラマの張り込みシーンみたいで、僕の描いていたコンサルタント像とは違うんだけど、まあ、いいか。四月といってもまだ底冷えする気候でコートを羽織ったまま屋台のベンチに腰掛け、おでんに焼酎のお湯割で話を始めた。

「どう？　やっぱり寒いときはおでんでしょ」

「そうっすね。なかなか雰囲気があっていいと思います」

「さて、業界構造を良くする方法なんだけど、いきなり思いつくままにアイデアを出そうとしても難しいから、やっぱり、初めは論理的に検討する範囲を絞って行ったらどうかと思うの。このケースでは、買い手の交渉力が強いことが決定的な原因になっているから、まずは買い手よりも売り手の交渉力が強いような事例を考えたらどうかしらね」

「僕がトレーニングで習ったのは確か、ウィンテルの話で、パソコン業界では部品メーカーであるインテルとマイクロソフトの力が強く、ブラックホールのように付加価値の大部分を獲っているということでしたね」

「それは、パソコンの場合、互換性が重要だから、ＭＰＵとＯＳに関してはユーザーに選択の余地がほとんどなくなるからね。つまり、ＭＰＵとＯＳの差別性が極端に強くて、ユーザーにとっては必要条件になってしまうからパソコンメーカーとしても選択の余地がなく、インテルとマイクロソフトの言いなりになるしかないということ。でも、お豆腐の場合は、『とても好きで選択の余地がない』という人はほとんどいないし、互換性という問題はありえないから、あまり関係ないわね」

「そうか。それじゃ、自動車はどうですかね。買い手としての車のディーラーは売り手のメーカーの言いなりみたいな感じですけど」

「確かにそうね。それはなんでかなあ」

「そりゃあ、すべてメーカー系列で、メーカーは自分の系列以外には製品を売らないからじゃないんですか？」

「そういうことじゃなくて、その状態を維持できるのはなぜかということ。つまり、メーカーは自分の系列を持ってそこにしか売らない状態でなぜやっていけるのかということよ。他からどんなに売ってくださいといわれても売らないで済むわけでしょ。どんな業界だってメーカーとしたらそうできたらいいに決まっているじゃない？」

「そうか。難しいですね。……ルイ・ヴィトンなんかも直営店だけで売ってますよね。それとなんか関係あるんでしょうか」

「高額商品ということかしらね。高額でそんなに大量に売れるものでもないから、顧客の人数も限られている。だから少ない店舗数でもやっていける。それに、製品の数も限られているから顧客もどんな製品があってどこに行けば買えるのかわかっているし、欲しいとなったら多少遠くても買いに行くので、地域的なカバレッジ[12]もあまり考える必要はないということね。あなたがさっきルイ・ヴィトンと言ったとおり、実質は直営店なのよ。自動車ディーラーは。メーカーが直営店でやれることを独立の地場資本にやらせているということね。だから、ディーラーは買い手というよりも、メーカーの販売部門と位置づけるべきで、それに対する交渉能力といっても意味なかったのかもね。そもそも豆腐は高額商品でもないし」

「すみません。役に立たないことを言ってしまって」

なかなか気の利いたことを言えなくて、ちょっと焦る。しばらく怜子さんも僕も考え込んで沈黙が続いた。

「航空業界はどう？　アメリカでは旅行代理店が大変みたいね」

今度は怜子さんが切り出した。

「ああ。確か、航空会社からマージンをどんどんカットされていて売上がどんどん削られているんですよね」

「インターネットの発達によって航空会社が共通の予約・販売サイトを作ったし、利用者に直販できる体制が整ったからでしょうね。それに、価格競争で航空会社はコスト圧縮のモチベーションが高いから、最後に残された代理店マージンを削ろうとするし」

製造から販売まですべてを自社でやろうとすると、高コスト体質になりやすいと習ったことを思い出し、僕は少し不思議に思った。そこで質問してみることにした。

「ということは、直販のためのコストが代理店に任せるより安いということですね」

僕の質問を聞いて怜子さんは一瞬考え、

「そうか。モノを売っているわけではないから、物流とか在庫の管理がいらないしね。情報のやり取りだけで契約が成立してしまうからコストが低くなるのね。豆腐はモノだからやっぱり使えないわね。何かないかなあ……。要するに、売り手の立場の強い業界を探せばいいのよ」

と瞬く間に答えを出し、次の案を出した。

「売り手市場の業界ですね。最近、液晶ディスプレイの価格が上がっていると新聞に書いてありましたけど、これは携帯電話用のカラー液晶の需要が急増したためということなんで、やはり需給関係が良くなると売り手市場になるんじゃないですか?」

僕はもう破れかぶれで思いつくままに答えた。

「需給関係って、うちのトレーニングや経営戦略の概説書で『買い手の交渉力』のところに出てきたことある?」

「そういえば、聞いたことないです。今まで、誰も気づかなかったことだったりして」

「都合のいい解釈するんじゃないの。需給関係っていうのは、締まったり緩んだり、しょっちゅう変化するでしょう？」

「はい」

「ということは？」

「しょっちゅう変化するということは……」

僕は詰まってしまった。まだまだ勉強が足りない。

「じゃ、業界構造分析って何を分析するの？」

「業界が構造的に魅力があるかどうか、ですよね」

「そう、『構造的に』よ」

「そうか！　需給関係というのは構造的じゃないんですね。周期的に良くなったり悪くなったりすることだから、業界構造とは違うっていうことか」

またやってしまった。なかなかいいアイデアは出せないなあ。

「そう。だから、需給関係については、先を読んで生産計画を立てて、在庫調整をしたりして対処すればいいということ。もちろん、過剰投資によって長期的に供給能力過剰な状態が続く場合には構造的な要因といえるけどね。たとえば、ＩＴバブル時に世界中の通信事業者が過剰投資をしたのは構造的に業界環境を悪くした例といえるわね。まあ、とにかく、需給関係を改善するというのはだめ。そうじゃなくて、買い手の購買量とか、上位集中度、売り手の販売量に占める買い手の購買量の割合とか、何か改善する方法を考えなくちゃ」

「豆腐屋さんをどんどん買収していけば可能ですよね」

一社の販売量が大幅に増えれば、全販売量に占める買い手一社への販売量の割合は下がり、あまり相手の言いなりにならずに済むというわけだ。

「それはそうね。そうすれば、ナショナルブランドになって、おしょうゆとか、マヨネーズ、牛乳くらいには交渉力が上がるでしょうね。それに、買収する資金がない場合にはフランチャイズ・チェーン（ＦＣ）という手もあるし。……うん、一歩進んだ感じ」

やった、怜子さんに認めてもらえる発言ができた。

「そうすると、規模が大きくなるというわけですから、規模型事業にするとコストが下がり、よりいっそう収益性が増すことになりますね」

僕は、このケースが始まる日に考えた分散事業の規模型化のことを考えた。規模が効く事業にビジネスモデルを変更することができれば、規模型事業になるのだ。

「裕太君、どうしたの？　急に冴えてきたじゃない」

怜子さんに誉められ、僕は気分が乗ってきた。けれど、一つ気になることがあった。

「でも、まだどうしたら規模型事業に出来るのかわからないんです」

「そう？　機械化、自動化して大量生産したら豆腐一丁当たりの人件費が大幅に減るんじゃないかしら。それに、大規模にすること自体で供給業者に対する交渉力も上がって、原料仕入れコストも下がるのよ。さらに、買い手に対する交渉力が上がることによって平均単価が上がればかなり収益性は改善されるでしょう。ところで、この前頼んだFCチェーンについて何かわかった？　成功要因とか」

しまった。まだ資料を集めただけであまり整理していなかった。調子に乗りすぎたかな。

「資料には一応、目を通しました。えーと、FC本部はまず、たとえば外食チェーンの場合ですと、ターゲット顧客となる人の流れのある立地を探して、その地域の事業者を勧誘します」

「それで、本部の役割は何？」

「まず、商品、つまりメニューの開発ですね。それから、宣伝広告などのマーケティング、原材料の一括調達もあります。マーケティングは宣伝広告も重要ですけど、POSのデータ分析で季節別、天候別、時間帯別に何をどのくらい作り置きするかというノウハウを確立して各店舗の機会損失を防ぎながら、在庫ロスも減らしてコストを抑えるのでかなり重要です」

「なるほど、メニュー開発となると豆腐だけではだめね。やっぱり上田さんが言ってたように、完成品まで作ってデザートとか豆腐バーガーとか作らないと難しいかな。でもそうなると豆腐事業じゃなくなるわね。新規分野になっちゃう。豆腐類だけとすると、大豆の一括仕入れによるコストダウンと在庫ロスの低減などのノウハウで勝負ということになるでしょうね。よし、そのへんを追求してみましょう」

やっと今日の議論は終わった。怜子さんは先の見通しがついたためか、ご満悦でこのあと五杯くらい焼酎を飲んでから帰った。自分の失敗談を面白おかしく聞かせてくれ、会社の人の物まねまでしてみせて本当に愉快な人だ。でも最後に一言忘れなかった。

「それじゃ、今日話し合ったことまとめておいて。中原さんにわかるようにパワーポイントにしてね」

この人はお酒に酔うってことないのかなあ。

（七）　規模化のメリット

中原さんと怜子さん、それに僕の三人で上田豆腐店に行くタクシーの中、怜子さんは中原さんに、豆腐製造業界の業界構造を良くするための戦術として事業を規模化してスーパーやコンビニに対する交渉力を上げること、そのためにはFCチェーン展開がよいという考えを、僕の作ったパワーポイント・スライド（に手を入れたもの）を使って説明した。僕は新米なので、当然、助手席に座り、後部座席の二人の会話に聞き耳を立てている。

「なるほどな。確かに、買い手に対する交渉力は上がるしコストも下がるだろうな。しかし、もっと大事な効果があることを忘れてるんじゃないかね」

怜子さんも僕も予期しなかったコメントに一瞬すくんでしまった。何か重要なことを忘れていたのかな。

「というと、どういうことですか？」

怜子さんが聞いた。

「買い手に対する交渉力は総販売量に占める買い手一社当たりの購買量の割合だけではないということ」

「あと何かあるとすると、ブランドによる差別化ですか？」

怜子さんは頭をひねっているようだ。

「確かにブランドの知名度は上がるだろうけど、差別化されるとは限らないね。豆腐の場合、どこでもよく目にするブランドだからといってそれを選ぶとか、高くても買うとかいうことになるかね」

「そうはならないですね。仕入先を変えるためのコストは高くならないし……」

怜子さんは、切替コストなど他の要素をあれこれ検討して考え込んでいるようだ。

「メーカーの川下進出の可能性はどうでしょうか?」

僕もつい振り返って口を挟んだ。

「そうか！　裕太君ナイス！　ＦＣなり直営なり豆腐メーカーが各地域に拠点を持つということは当然そこで直販もするわけだから、その直販が本格化して販売量が上がる可能性があるということですね。いえ、どうせＦＣ展開するなら製造よりも販売のチェーンにする方が現実味があるし、スーパーなどの小売店としても警戒しますよね。そうすると買い手に対する交渉力が上がるということになりますね」

勢いづいて言う怜子さんに、中原さんが付け加えた。

「そう。規模化するに際して、地域的な拠点網を持つということは、製造能力ばかりでなく、販売力も上がることを意味する。だから小売業としても無視できなくなるんじゃないかということだ」

「でも、スーパーにとっては豆腐類の売上は全体のごく一部でしかないから、あまり気にならないんじゃないですか？」

怜子さんは考えながら逆に質問したが、すぐに自分で答えた。

「いえ、でも豆腐類の売上が落ちることはやっぱり痛いから、できるだけ直販が増えないようにしたいでしょうね」

「だけど、他の安く作ってくれる豆腐メーカーに発注すればいいんじゃないですか？」

今度は僕が疑問に思ったことを質問した。

「それでも直販のシェアが上がれば、スーパーの売上は下がるでしょ。発注先を確保すればいいということじゃなくて、売り手が有力な競合になってしまうことがまずいことなのよ」

あっさり怜子さんに否定されてしまった。

「さらに、その直販モデルがうまく行ったら豆腐製造業界全体に伝播してますます直販チェーンが増えるだろう。さらに他のチルド商品にまで広がったら非常にまずいことになる」

中原さんにとどめを刺された。

「なるほど、つまりいいことずくめというわけですね」

僕はなんだか狐につままれた気分で調子のいいことを言ってみた。

「いや、うまくいったらの話だよ。うまく規模化できたらね」

案の定、中原さんに釘を刺された。

（八）　規模化か多角化か？　そのためのリソースと調達方法

上田豆腐店は、都心とはいえ、人情味の残る小さな店の集まった商店街の中にあった。クリーニング屋と肉屋に挟まれた間口五メートルくらいの普通の豆腐店だ。アルミサッシの引き戸の入り口を入ると土間の作業場に釜や豆腐の水槽があった。その奥にガラス戸で仕切られた部屋があり、ホワイト・ボードが壁にかけられて臨時の会議室となっていた。

「というわけで、現在の豆腐製造事業は、大きな成長を図るためには十分な利益を上げているとはいえないこと、それは主に業界全体としてスーパーなどの買い手の交渉力が強いためであることは納得していただけましたでしょうか？」

怜子さんが現状分析の一連の説明を終えたあと、上田さんに聞いた。

「もちろん、わかってます。だからこそ、新規分野への進出を一刻でも早く果たして軌道に乗せたいと思っているんです」

上田さんは新規分野への進出を手伝ってもらうためにコンサルタントを雇ったのだと言いたげだった。

「わかっています。それで今日は、どんな分野がいいのか、どうすれば成功するのかということを検討する前に、御社に新規分野進出のためのどんなリソースがあるかを把握するために来たんです」

怜子さんは性急になりがちなクライアントを落ち着いて捌いた。

「まず、技術面からいきましょうか。たとえば、豆腐ケーキとかアイス、プリンなどのデザート類、あるいは豆腐バーガーなどファスト・フードものを開発するノウハウはありますか？」

「そりゃあ、私は豆腐一筋できましたからね」

上田さんのお父さんの朔造さんが口を開き、実直そうな口調で穏やかに話し出した。

「デザート類は豆乳を原料にするわけですが、私ができるのは、いわゆる無調整ものなんです。無調整の豆乳は、要するに固める前の豆腐そのものですからね。でもこれだと大豆独特の青臭さが残っていてデザートには無理じゃないかと思うんです。皆さんがおいしいといって飲むのは調整豆乳といって、砂糖とか水あめ、香料などを入れているんです。それに調整豆乳ができたとしても、デザートそのもののノウハウがないです。おいしいプリンだのソフトクリームなどどうやって作るのか、自信ありませんし、そのための設備も必要でしょうしね」

「そうですね。デザート類となると豆乳はあくまで牛乳の代わりとなる原料であって、製品の主役はレシピと調理法ですからね。豆乳は脇役になります。そして、開発者に求められるのは豆腐作りではなくてデザートの職人としての技術になりますね。フランス料理のパティシエなどは一人前になるまでに何年もかかるわけですしね」

怜子さんはお酒も強いが甘いものにも強い両刀使いのようだ。さらに続けた。

「となると、上田さんが数年かけて開発するか、外部からパティシエなり乳業メーカーの開発者なりをリクルートしてくる他ないでしょう。豆腐ハンバーガーなどのファスト・フードにしても同じことですね。マクドナルドなどは一つの新製品を作るのに企画、試作、消費者調査などを繰り返すので数人のスタッフで少なくとも半年はかけています。さらに設備ですが、最初は手作りでもいいでしょうけど、豆腐やお揚げ、厚揚げなどを作りながらとなるとやはり一人では無理でしょう。少なくとも一人、できれば二人、アシスタントが必要になりますね。それに軌道に乗り出したら、オーブンとかフライヤー、冷蔵庫などの什器も必要になってきます」

「つまり、リソースとしては人的にも物的にも不足していると……」

上田さんは苦虫を噛みつぶしたような顔になっている。

「今のところそういうことになりますね。次に、資金面を調べさせていただいたのですが、営業キャッシュフローは、年間約二百八十万円。新規事業への投資にまわせる額ということになると、生活費その他で二百万円しかかからないとしても残るのは五十万から八十万円くらいとなりますね。これでは人を一人も雇うことはできません」

「もう一つ私が心配なのは……」

また朔造さんだ。さすがにこの業界を知り尽くしていて具体的な問題点はすぐに出てくる。

「豆腐アイスや豆腐チーズケーキが流行るとか、豆乳は健康のために理想的だとかいう話は昔から出ては消えを繰り返してるんです。いつも同業の間では『今度こそ本当のブームになるんじゃないか』なんて話しで盛り上がるんですが、結局は尻すぼみになってしまうんです。やっぱり本当においしくないとブームにはならないんじゃないですか。いくら健康に良いといっても人間、頭で食べるわけではないですから。そうすると、豆腐屋は豆腐で勝負というのが本当なんじゃないでしょうか」

なかなか含蓄のある言葉だ。

「そうですね。人間、何が好きかというと、たとえばアイスクリームなら乳脂肪たっぷりのプレミアムアイス。決してヨーグルトアイスとか水っぽいアイスミルクではない。なぜかというと、人間の歴史は氷河期とか旱魃とか、飢えとの戦いだったからなんですね。人間の体はいつ食糧難になっても耐えられるようにできるだけ脂肪分をためるようにできているんです。飽食の時代といってもまだ十年とか二十年の話ですからね。人間の肉体的な進化がついていけてないのは当然です」

中原さんの説明には何となく納得させられる。

「それから、先ほど三枝が申しましたように、デザートやファスト・フードでは豆腐や豆乳は従たる原料でしかなくて、製品の価値に大きな貢献はしていないのです。つまり、豆腐製造業とデザート類製造業、あるいはファスト・フードとの間にはシナジー[13]が存在しないということです。さらに、デザートやファスト・フードを作ったとしても、どこが売ってくれるのかという問題もあります。スーパーやコンビニは、他のチルド製品や調理済み食品と競合することなるので、扱ってもらうだけでも大変です。それからまた、大量に供給する体制も必要です」

「そうすると、どうしてもまず今の製品でもっと稼げるようにならないといけないということですか？」

中原さんの言葉に上田さんはちょっとがっくりしていたようだ。

「そうですね。しばらくは豆腐類製造に集中して、この事業を強化してから新製品の分野を考えるべきだということになります。それも、豆腐や豆乳を主体とする製品から入っていくべきでしょうね。これはシナジーの効く分野から入るという意味です」

ここは中原さんがしっかりと言い聞かせた。

「では、豆腐製造という現在の事業の範囲内でキャッシュフローを増やす工夫が必要なわけですが。基本的には収益性を圧迫している要因である、買い手、すなわちスーパー、コンビニに対する相対的な力関係を改善することが必要になるんです」

怜子さんが引き継いだ。

「でも、そんなことできるんですか。できるんだったらとっくに誰かがやっていそうな気がしますけど」

上田さんは相変わらず、最初から諦めるような言い方をする。確か、前にも豆腐事業が規模型にできるならハウスとか味の素がとっくにやっているだろうから無理だという論理だったな。

「大規模になれば、全販売量に占める一社の買い手への売上比率が低くなりますから、交渉力は上がります。それに、地域カバレッジが上がれば川下進出の可能性が出てきて警戒されるのでその面でも交渉力が上がります。また、原料供給業者に対する交渉力が上がって原材料費が下がる効果も見込めますよ。それから、物流費など分析してみないとわかりませんが、大量生産、自動化によって人件費や減価償却費などの固定費を下げることもできるかもしれません」

怜子さんは落ち着いて、一つひとつ確かめるように言った。

「大規模にするといっても、資金がないですよ」

上田さんは怪訝そうだった。

「そのとおり、簡単にはいきません。少ない資金でやれるとしたら、あくまで可能性の問題ですが、ＦＣ展開も考えられます。モス・フードなんかは、設立当時はＦＣとかフランチャイズという言葉も知られていなかったころですが、直営店を出店する資金がなかったのでアメリカの制度を見よう見まねでやってみたら成功したということです。だから、決して不可能ではないと思いますよ」

怜子さんは事例を挙げて説得しようとした。

「でも、うちの店に何があるというんですか。フランチャイジーを指導するノウハウなんてあるのかなあ」

上田さんはまだまだ納得していない。

「まあ、ちょっと皆さんで考えて見ましょう」

中原さんが立ち上がってホワイト・ボードに向かってバリュー・チェーンの絵を描き始めた。

「フランチャイズ・チェーンの本部の役割といいますか、価値を理解するために、豆腐製造のバリュー・チェーンを描いてみましょう。バリュー・チェーンというのは、事業で行う活動や資産を分類する道具ですが、これを使って、どこで主に価値を生んでいるか、そしてコストがかかっているかを発見することができます。では、豆腐製造の事業としてやっていること、その一連の流れを説明していただけますか？」

「まず原料の大豆を仕入れますね。そのほかに、にがり、揚げをつくるための油、プラスチックのパックなども仕入れなければなりません」

朔造さんが即座に答えた。

「大豆を夜のうちに水に浸して仕込みをして、午前三時ごろに機械ですりつぶして、水で煮て、搾って、にがりを入れて、型に入れて、重石を置いて、固めたものを水に入れて冷まし、切る。あとは、揚げを揚げたり、鍋を洗ったり……」

「その一連の動きを『豆腐類製造』として主活動のオペレーションに入れましょうか」

中原さんは、『原料の調達』をオペレーションの上の「調達」に、『豆腐類製造』を「オペレーション」の枠内に書き込んだ。

「それから、軽トラックで数件のスーパーに届けます。帰ってきてからは店番をしてお客さ

〈豆腐製造業のバリュー・チェーン〉

		内向きロジスティックス	オペレーション	外向きロジスティックス	販売・マーケティング	サービス
支援活動	企業インフラストラクチャー	●経理その他の管理				
	人的資源管理					
	技術開発					
	調達		●原材料 ●鍋等器具類		●包材	
主活動		●大豆、油、にがりの供給業者との商談、発注、在庫管理、配送	●豆腐類製造	●スーパーからの受注 ●配送	●スーパーとの商談 ●消費者への販売	クレームや質問に対する回答

マージン

んが来たら売ります」

「『外向きロジスティックス』と『販売・マーケティング』ですね。あとは、スーパーと値決めや納入個数などの商談もしますよね」

「はい、よく特売をするので、数量を倍にするから値段を八掛けにしてくださいなんて言われますね」

「新製品を考えて試作してみたりはしませんか？」

怜子さんが口を開いた。

「作るもんは決まってますからね。スーパーのほうも、なにも新しい物を作れなんて言ってきませんし、作っても買ってくれないですよ」

朔造さんの言葉には実直な性格が現れている。

「わかりました。では、これで出来上がり。さて、どこで価値を生んでますか？」

中原さんが『経理』などその他の項目を書き込みながら言った。

「そりゃ、やはりその『豆腐類製造』のところでしょ」

朔造さんが間髪を入れずに言った。

「そうですね。では、どこにコストがかかっていますか？」

「大豆代に一番金をかけてますから、オペレーションの上の『原材料』でしょうね」

「はい。それと、自分の人件費を考えると『豆腐類製造』に最もかかっているということになります。ですから、結局、価値を生んでいるのもコストがかかっているのもここの『オペレーション』なんです。このコストを減らせば、利益を生むことになります。あるいは、もっと価値を生むようにすればいいわけです」

「そこにFCの意味が出てくるわけですね」

怜子さんが立ち上がった。

「つまり、FCとは、オペレーションの主活動の部分をフランチャイジー、いわゆる加盟店がやって、それ以外をフランチャイザーつまり本部が行うことにより、オペレーションの部分自体がより利益を上げられるようになる仕組みということができます」

怜子さんは続けた。なんだか雄弁でかっこいい。ここからしばらく、怜子さんの講義が続いた。

「たとえば、内向きロジスティックスのところでは原料メーカーとの交渉がありますが、これは大きな購入量を武器に、本部がかなりの交渉力を発揮できます。それから、もちろん、外向きロジスティックスでもスーパーに対して大きな生産量、販売量を背景に比較的強い交渉力を発揮できます。さらに、各地域の需要と生産能力をもとに最適な生産計画を作って稼働率を上げて在庫ロスを減らせるし、どの店からどのスーパーに納入すれば最も効率的かということがわかるので、物流も効率化することができるでしょう。さらにスーパーからのPOS情報を使って、天候や時間帯別の売上を予測して在庫ロスを減らせるようになるかもしれません」

「なるほど、そうすればフランチャイジーにとっては売上が増え、コストが減るので、FC本部にロイヤルティー料を払ってもメリットが出てくるというわけですね」

上田さんも乗ってきた。

「はい、本部はそのロイヤルティーの一部を使って広告宣伝もできますし、経理などの管理のためのコストもそれによってまかなわれます。フランチャイジーはオペレーションつまり生産活動に専念できるので生産性が上がり、さらにコストも下がるはずです」

怜子さんはさらにフランチャイジーにとってのメリットを説いた。

「そのシステムを作り上げればいいわけか」

上田さんは感嘆しながら言った。

「それが軌道に乗れば、今度はロイヤルティー収入の中から商品開発に投資できるようになり、消費者のニーズに合わせて迅速に製品を出せるし、新しいカテゴリーにも挑戦できるということです」

怜子さんは話しながら、バリュー・チェーンをもう一つ描き、新しいほうにFC本部の活動を書き込んで説明を続けた。

「これが、FC化した場合のバリュー・チェーンです。主活動のオペレーションがフランチャイジーで、その他が本部の活動になります。厳密に言うと、お店で直接消費者に売ることもあるので、販売・マーケティングの一部もフランチャイジーになります。全部直営店でやれば

〈豆腐製造 FC バリュー・チェーン〉

		内向きロジスティックス	オペレーション	外向きロジスティックス	販売・マーケティング	サービス
支援活動	企業インフラストラクチャー	●経理その他の管理 ●法務		●広告宣伝 ●フランチャイジーの募集		
	人的資源管理		●フランチャイジーの教育・指導			
	技術開発		●商品開発	●システム開発	●POS データ分析	
	調達		●原材料 ●鍋等器具類		●包材	
主活動		●大豆、油、にがりの供給業者との商談、発注、在庫管理、配送	●豆腐類製造(フランチャイジー)	●スーパーからの受注 ●配送	●スーパーとの商談 ●消費者への販売(フランチャイジー)	●クレームや質問に対する回答

マージン

すべてが一つの会社の中に入るわけですが、ＦＣはその一部分を分社化というか経営陣にその部分を買い取らせるＭＢＯ[14]を行ったような形になります。ちょっと解説すると、すべて直営の場合と比べると、分社化したオペレーション部分への権限委譲が進み、モチベーションが高くなることが長所でして、逆に欠点は本部の戦略や戦術が徹底されない可能性が高くなることです」

「なるほど。なんだかやれそうな気がしてきたな」

上田さんはいよいよ盛り上がってきて、もう実行することを決めたように続けた。

「そうすると、まずはＦＣの仕組みを考えて、個人でやっている豆腐屋を口説いて回らなければならないから、少しの間……半年くらいかな、お父さんに豆腐作りを続けてもらわないといけなくなるな」

「ちょっと待ってください。まだＦＣ展開すると決めたわけではないです。今は可能性としてできそうかどうかを検討しているんです」

やはり怜子さんは冷静だ。僕もさっきから疑問に思っていたことがあるので口を開いた。

「確かに、今考えてみると、ＦＣのメリットは規模が大きくなった時点でないと出てきませんよね。買い手に対する交渉力も、原料供給業者に対する交渉力も、物流の効率化、生産コストの削減も、規模が小さいままではできないんじゃないですか。そうなると、フランチャイジーにとってメリットがないから、口説くのもどうやって口説いたらいいのか……。難しそうな気がしてきました」

「そのとおり。だから鶏と卵みたいな話になるわけだけど、通常、ＦＣは既存業者を対象にはしていないんですよ。脱サラとか、違う業態の小売店などの素人を集めて一からノウハウを教えつつ、規模を拡大していって徐々にスケール・メリットも出していくわけです」

中原さんが解説した。

「いや、私もそう簡単にいくのかなと感じましてね」

朔造さんが口を開いた。

「私も同業者の寄り合いでこの辺の人は大体知っているんですが、皆さん、それぞれ先代とか先々代から続けているやり方があって、こだわりを持っているんですね。で、フランチャイズとなると皆同じ原料を使って同じ作り方、同じ味にしないといけないわけでしょう。そうなると、実際に参加してくれる人はほとんどいないんじゃないかと思いますね。代が代わって若い人が始める場合ならまだしも、今やっている人たちは、嫌がるんじゃないですか」

「そうですね。その意味でも既存の豆腐店のＦＣ化は難しいですね。もしかすると、ボランタリー・チェーン[15]、ＶＣのほうがいいかもしれないですよ。あるいは思い切って酒屋さんとかお米屋さんとか違う業種からフランチャイジーを集めてしまうとか……。今日はディスカッションの場ですから、どんどん意見を出してください。問題点が明らかになってきたのは今日のミーティングとして実りがあったということですからね」

怜子さんも大変だ。

「そうすると新製品もだめ、FC展開もだめ、今の製品で、今の業態で規模を拡大するしかないというわけですか」

上田さんはまた不満そうな表情に戻った。気分の浮き沈みの激しい人だ。

「だめというのではなくて、問題点があるから、あらかじめ解決策を考えようということです。それから、もちろん、今の製品、今の業態で利益を拡大する方法も考えます。それが第一段階として最善の選択肢だからです」

やはり最後を締めるのはやはり中原さんだ。

「では、選択肢とその課題をまとめてみましょう。選択肢の軸は、FCまたはVC展開をするかどうかということと、新規分野の製品を扱うかどうかということの二つですね。これはまず、第一段階としてどこから手をつけるかということなので、時間軸をはずせばお互いに否定し合うものではありません。段階的に違う選択肢へと進んで行っていいし、たぶん、そうなるだろうということです」

中原さんはホワイト・ボードのバリュー・チェーンを消して、新しい図を描きながら説明を始めた。

「まず、両方をやるという選択肢ですが、これは、将来は別として第一段階では考えにくいので、削除します。したがって、基本的には三つに絞られます」

〈選択肢とそれぞれの課題〉

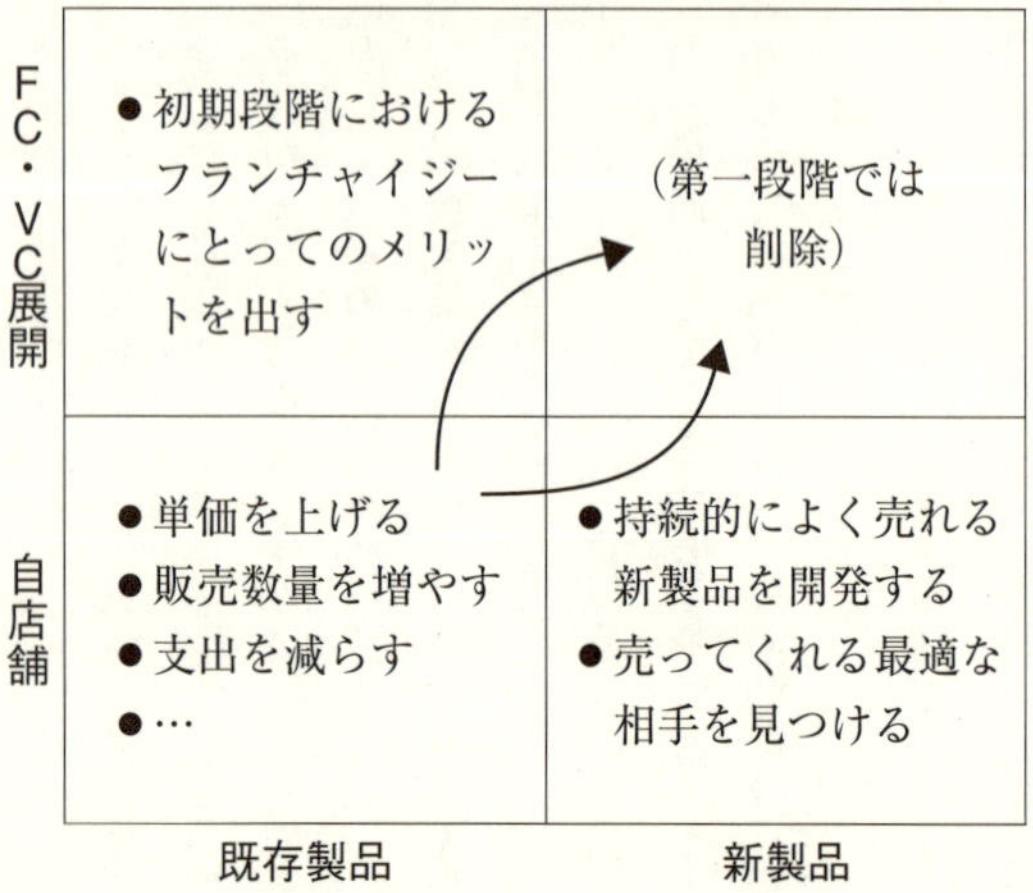
FC・VC展開
自店舗
既存製品
新製品
●初期段階におけるフランチャイジーにとってのメリットを出す
（第一段階では削除）
●単価を上げる
●販売数量を増やす
●支出を減らす
●…
●持続的によく売れる新製品を開発する
●売ってくれる最適な相手を見つける

中原さんは田の字を書いて選択肢を四つに分けた。

「では、既存製品でＦＣまたはＶＣ展開するオプションですが、ここでの課題は、初期の段階でいかにしてフランチャイジー候補にメリットを感じてもらえるかということです。それから、新製品を自力で製造販売することですが、課題は持続的によく売れる製品を開発することですね。これは、豆腐類のシナジーが生きる製品から入っていくことになると思います。つまり、豆腐や豆乳が主となるような製品です。それから、どこで売るかという課題もある。スーパーやコンビニが扱ってくれるとは限らないし、スーパー、コンビニが最適かどうかもわかりません。もしかするとデパ地下がいいかもしれないし、ＯＥＭ[16]でどこか菓子メーカーの店舗網に卸すのがいいかもしれません。最後に既存製品を自力で売って、利益やキャッシュフローを増やすことですが、このうまい方法があればそれに越したことはない。これが最適な選択肢なわけですが、どうすればいいか、まだ方法はわからない。収入を増やすか支出を減らすかしかないわけですが、収入を増やすためには、単価を上げるか販売数量を増やすかということになるでしょう。この方法を追求してみましょう」

「両方をやるという選択肢、つまりＦＣ展開してかつ新製品も出すという選択肢は、長期的には考えられるということですか？」

上田さんもよく食い下がる。やはり新製品分野に気持ちが傾くようだ。

「そうです。ＦＣで多店舗展開したあとに、その業態の強みを生かせる新製品を出すのは当然ですし、もし、デザートなどの調理済み食品のように、多くの製品の付加価値が豆腐から離れたところにあるのでしたら、積極的にそれを取り込むべきでしょう」

中原さんはゆっくり言い聞かせるように答えた。

「わかりました。今回はそこへ至る前の段階ということですね。やっぱり、段階を追ってできることから確実に進んでいかないといけないということですね。何かすっきりしたような気がします。今日は本当にありがとうございました」

上田さんは、最終的にはうきうき気分で終わったようだ。

（九）　ＦＣ展開のメリットと障害

中原さんのまとめで随分頭が整理され、考えるべきことがクリアになった。でも、もやもやしたもの、というか不安感が残る。これはどこからくるのだろう。ＦＣで規模化という路線で決まりと思い込んでいたせいかもしれない。でも、確かに朔造さんに指摘されたとおり、そう簡単にはいかなさそうだ。フランチャイジーにとってのメリットを初期の段階から持たせるとすれば何があるんだろうか。あるいは酒屋などの全然違う個人商店を狙うべきなのか……。でも、そんなところで豆腐作りをするだろうか。それより、中原さんの最後に言った言葉が気になる。既存製品かつ自力展開という、要するに形は現状のままでキャッシュフローを劇的に増やす方法があればそれが最も良いというのは当然なのだが、そんな方法がないからＦＣ展開と考えたのではないのか。その方法を考えなければならないのかと思うと気が重い。

中原さんが海外出張で二週間いない間、怜子さんと僕でお豆腐屋さんを訪ねて話を聞いてみることにした。目的は、ＦＣのフランチャイジーになることにどのくらい抵抗感があるのか知るためだ。また、現状のままでキャッシュフローを大幅に増やすためのヒントが得られるのではないかという期待もある。

フィールド・インタビューに向かう途中、歩きながら僕はうまく話を聞き出せるかどうか心配になった。

「なんて言って切り出したらいいんでしょうね。何かの売り込みと思われたらまずいし、コンサルティング会社なんて言ってもわけわからないでしょうし。やっぱり朔造さんに紹介してもらったほうがいいんじゃないですか?」

「何言ってるの。堂々としていれば大丈夫なのよ。相手の立場になって考えてみて。恐る恐る、申し訳なさそうにわけのわからないこと聞かれたら、嫌な感じがしてうまく断って追い払いたくなるでしょ。そうじゃなくて、自信を持って話しかけられて、しかも面白そうなら、興味が出てきて、だんだんと同業者との集まりのノリで話しているような感覚になってくるのよ。それと、適度にお世辞を使うこと。人間誰でも自分の話すことに関心を示してもらって褒められると嬉しいものなのよ。あとは、まあ、お礼にお豆腐一丁でも買えばいいでしょ。いろいろ食べ比べてみて店によって味の違いがどのくらいあるか知りたいし」

ふーん、そういうものか。さすがに年の功……なんて口に出すのはやめておこう。こんなことを話しているうちに、一軒目に着いた。午前十時、仕事が一段落して余裕のありそうな時間帯を狙ったのだ。店は十坪ほどの広さでほとんどが作業場で販売コーナーとかカウンターはなく、道に面した小さなサッシの窓で一般のお客さんに商品を売っているようだ。

「こんにちは」

怜子さんはもうドアを開けて大声でお店の人を呼んでいる。

奥からのんびりとした返事とともに五十から六十代の男性が出てきた。おそらく、この店の主人と思われる。怜子さんは名刺を渡し、「ただ今、豆腐製造業の進化について研究しておりまして、お豆腐製造に携わっていらっしゃる方々にお話を伺って回っているんです。ぜひ、こちらでもご協力いただけないかと思いまして」と始めた。笑顔で相手の目を見ながら、はきはきと自信に満ちていて、かつ物腰の柔らかい口調で話しかけた。

主人らしき人物は名刺を見ながら、「はあ、私にわかることでしたら、どうぞ」と簡単に応じてくれた。やはり、怜子さんの話し方に好感を持ったようだ。

「ありがとうございます。では、さっそくお豆腐屋さんの規模についてお尋ねしたいのですが、なぜ、こちらのような個人経営が多く、大手メーカーがないのでしょうか。何かお考えはありますか？」

単刀直入に本題に入るもんだ。そのお店の歴史とか、豆腐の味の特徴のような一般的な話から入るのかと思っていたが、このほうが相手に興味を抱かせていいのかもしれない。

「そりゃあ、親の代からやっているし、大きくしようったって、先立つものがないしね」

「なるほど、そうですね。でも、なぜ資本力のある食品メーカーが入ってこないんでしょうね」

「儲からないからじゃないですか。私らだって、家計を支えるのがやっとでね。豆腐で高額納税者名簿に載った人なんかいないと思うよ」

「大量生産しても儲かるようにはなりませんか。たとえば、おしょうゆとかカップラーメンは全国に売っている大メーカーがありますよね」

「やっぱり安いからかな。それに重いし、輸送料を考えると、いくら安く作ってもなかなか儲からないんじゃないかね」

「そうですか。おしょうゆはお豆腐と同じくらい重いわりに安いですよ。たぶん、水なんかは豆腐より重さ当たりの値段が安いと思います」

「なるほど、考えてみればそうだな。いや、しょうゆや水なら何カ月も持つだろう？　豆腐は一日しか味が持たないから毎日少しずつ運ばなきゃならないんだよ。しょうゆなんか一カ月に一回届ければいいだろうから、いっぺんにたくさん運べる。さらに、豆腐は遠くへ運ぶなら保冷車だよ。これも金がかかる」

「なるほど！　それは気づきませんでした。そういえばそうですね。牛乳も安いしチルドだし毎日運びますけど、たぶん大量に運ぶし、牛乳メーカーは他の乳製品で儲けているのかもしれないですね」

玲子さんもやはり物流費がかかることは規模化のネックになっていると考え始めたようだ。

「では、儲けを増やす手段として、たとえばリトル・マーメイドのパンを思い浮かべてください。リトル・マーメイドの各店舗は個人の経営なんですが、アンデルセンのフランチャイズとなっています。で、本部であるアンデルセンの工場で作った生地を冷凍にして各店舗に配って、各店舗で焼いているんですけど、同じようなことをお豆腐でできませんでしょうか。それができると、大豆などの原料を大量購入できるし、スーパーにも大量に売るので価格交渉ができ、利益は出やすいですよ。これは、本部だけでなく、フランチャイズの加盟店にとってもです」

「そりゃ面白いね。儲かるならやってみてもいいがね」

「ただし、フランチャイズに入るということは、原料は決められたものを使って全店で同じ製品を作らなければならないし、お店の名前もブランド名も統一されます」

「スーパーと交渉して卸値を高くしてくれるんならいいかもしれないけどね。でも、うちのお客さんは常連さんが多くて、みんな、うちの豆腐を気に入って買ってくれてるから、急に大豆を変えろとか、名前や看板を変えろとか言われると困っちゃうな……。よっぽど儲かるんならいいけどね」

「ということは、ご主人自身のこだわりというより、お客様がこだわっているから難しいというわけですか？」

「そうだね。私としては、本当にこだわるんなら、デパートや名店街で売っているような高級な大豆とか名水を使って豆腐を作りたいんだがね。そんなにこだわって作ってもここじゃ、はっきり言って売れないから、普通の豆腐を作ってがまんしてるんだよ」

怜子さんとご主人の会話を黙って聞いているだけだとバカみたいなので、僕も会話に参加した。

「そうすると、お客さんが他のどこでも売っているのと同じでいいと言うのなら、別にフランチャイズ・チェーンの加盟店としてやっていってもいいと……」

「そうだな……。何がいいのかわからないと、なんとも言えないね」

「今、仕事をされていて、利益以外にどんなことが改善されたらいいと感じていますか?」

僕はちょっと話題を振ってみた。

「この仕事は、やっぱりキツイわりには儲からない。だから大手も入ってこないんじゃないかね」

「キツイわりにはと言いますと?」

「だって、毎朝三時には起きて力仕事をしてるんだよ。冬でも寒い中をね。休みは日曜しかないし。旅行にも行けないよ。それだけ働いて、別に贅沢したいわけじゃないけど、別荘の一つも持てないんだから」

「大変ですねえ。私たちもご主人の爪の垢を煎じて飲まないといけないわね」

今度は怜子さんが持ち上げて、「では、仕事が楽になって今以上の利益が出ればフランチャイズに入ってもいいと思います?」と聞いた。

「それはいい話だけど……。でも、やっぱり豆腐屋としての誇りを捨てちゃいけないしな。そう簡単には乗れないいね」

「なるほど、やっぱり、ご自分のこだわりで作った豆腐でお客さんを喜ばせて、たくさんの人に買ってもらうのが幸せだということですね」

「お姉さん、いいこと言うねえ。そうなったら最高だよ」

「どうもありがとうございました。大変参考になりました。最後にこちらのお豆腐を一つ買っていってよろしいですか?」

怜子さんが嬉しそうに言うので、主人も前から親しかったような錯覚にとらわれたようだ。

「いいよ、いいよ。好きなの持っていきな。また質問があったら来なよ」

こんな調子で一軒目は終わった。随分収穫があったような気がする。怜子さんも機嫌がいいようだ。

この後、一週間くらいかけて他に二十軒ほど、怜子さんと手分けして話を聞きに行ったが、僕の行ったところは大体同じような答えだった。温度差は人によってあるものの、概ね「儲け」と「仕事の負担軽減」、それに「こだわりの品作り」の三つの基本的欲求を持っているようだった。たぶん、怜子さんのほうも同じような結果だったと思う。これでFC展開する場合のフランチャイジーのインセンティブ[17]作りの材料にはなったと思う。でも、肝心の現状のままでキャッシュフローを増やす方法についてはヒントは得られなかった。これについては頭が痛い。中原さんはそもそも不可能なことを考えろと言っているのではないだろうか。とりあえず、今日は怜子さんと聞き込み調査の成果を持ち寄ってミーティングだ。でも、その前に豆腐の食べ比べ会となった。街の豆腐店のものの他、スーパーとデパートに行っていろいろ買ってきたものだ。

「うん、確かに高いお豆腐はおいしいわね。味が濃いし、甘みがあるし、舌触りが滑らかで香りも優しい。やっぱり高級な大豆にこだわるだけのことはあるわね」

怜子さんは高い豆腐から食べだした。やはりおいしいものには目がないようだ。僕は何も考えず、安いものから食べ始めていた。

「普通に売られている豆腐にもいろいろありますね。これなんか固くてざらざらしていて香りもほとんどないけど、こっちのはやわらかくて、味が薄くて、あまり噛み応えがないです。たぶん、絞り方の違いとかあるのかもしれないですね。それと、豆乳を薄めて水分が多いのを凝固剤で無理やり固めたのかもしれません」

「どれどれ、利き豆腐師の私に任せなさい。うん、かなり違うわね。それぞれ個性があって、人によって好みが分かれるでしょうね。でも高級品は違っていてもどれもおいしいといえるわね。共通しているのは濃さと甘みと滑らかな舌触り、それに香りの良さね。でも毎日食べるとなるとやっぱり値が張るかしら」

「確かに二倍以上の値段ですけど、それでも一丁四百円とか五百円ですよ。毎日食べたとしても、一年間でたかだか十万円の違いですからね。一般の人はあまり味にこだわってないんじゃないですかね」

「というより、あまり味の違いを感じないのかもしれないわね。こうして食べ比べると明らかに違いがわかるけど、普段、誰も豆腐を何丁も買って食べ比べるなんてことしないもんね」

「ということは、一般消費者はあまり豆腐の味にこだわってなくて、あるものを買うということですか」

「私もそう考えていたのよ。多くのお豆腐屋さんは、お客様がこだわって来てくれていると言っていたけど、実は、単に近くて便利だから毎日のように来るだけかもしれないわよ。豆腐を毎日食べる習慣のある人にとっては近くにあるのが一番でしょう。昔は自転車で売りに来るお豆腐屋さんから買っていたわけだし」

「なるほど。昔から日本人は近くのお豆腐屋さんで作った豆腐を食べる習慣があったわけですね。それを当然のこととして疑問を抱かないなら、いまだに近くのお豆腐屋さんにただ漫然と買いに行っている固定客がいてもおかしくないですよね」

「だから、他とまったく同じ豆腐を売っても、別に顧客の忠誠心を失わないということね。ブランドがどこでも同じとなると、抵抗感のある人も出てくるかもしれないけど、それも慣れてしまえば解消できるんじゃないかな。おしょうゆとかソースなんかは既にナショナルブランドになっているし。しょうゆとかソースは、元々は各地に地場のメーカーがあって、人々は地元のものを買っていたのよ」

「詳しいですね。じゃ、豆腐もナショナルブランド……いや、地域ブランドみたいなのができて、FC展開しても消費者にはあまり抵抗感がないだろうということですね」

「まあ、そういうことね。でも、結論を急ぐより先に聞き取り調査のまとめをしましょう。ちょっと、ホワイト・ボードにわかったことを箇条書きで書いてみて」

「はい、FCに参加するインセンティブですが、第一には、経済的なメリットがあることが求められています。要するに儲けが明らかに増えるということですね。第二は、仕事が楽になることです。これら二つは九割方の人が言ってました。それから第三ですが、これは六、七割になりますが、自分の存在価値が否定されないことですね。単にレシピどおりに製品を作るのではなくて、自分なりにおいしさを追求した製品を作りたいという欲求です」

そう言いながら、僕はホワイト・ボードに書いていった。

「そうね。最初の二点はFCのメリットとなりそうなことで、第三点がFCのデメリットをいかにして解消するかということね。そしたら、まとめ方として、FCのフランチャイジーにとっての肯定的要因と否定的要因に分けたらどうかしら。肯定的要因は『利益が増える』と『仕事が楽になる』、否定的要因が『自分だけの製品が作れなくなる』あるいは『仕事が面白くなくなる』。それと、『店に来る固定客が離れる』が入るかな。あと、肯定的要因には『後継者がいなくても店を存続させられる』も入れておきましょうか」

僕はただ漫然とインセンティブを分類したのに対し、怜子さんは対策のとり方を考えて分けようとしている。やはり頭の出来が違うのかなあ、と感じつつ、怜子さんの言ったように書き直しながら考えた。

「その否定的要因の第一点の『自分だけの製品が作れなくなる』は、実は現在でもあまり満たされていない欲求なので、FCによって実現できれば逆に積極的にフランチャイジーになる理由になりますよ」

「つまり、自分なりのこだわりの品を作って多くの人に受け容れられたいという、自己実現の欲求ね。どんな企業でも究極的なモチベーションは自己実現と言われてるからね。うまくFCのメリットにしたらフランチャイジーになる強力なインセンティブになるわね」

「その方法なんですけど、普及品と高級品の二種類を作るというわけにはいかないですかね」

僕はふと気づいたことを言ってみた。

「それは、手間が二倍になるから、肯定的要因の第二点『仕事が楽になる』を打ち消しちゃうでしょ」

しまった。そうだった。また軽いと思われる発言をしてしまった。

「あ、そうですね。これらの要因は関連しあっているんですね。じゃ、先に肯定的要因について考えましょうか」

「そうしましょう。第一点の『利益が増える』は、原料の仕入れ値が下がり、スーパーなどへの卸値が上がり、広告宣伝によって売上数量が上がり、POSデータの分析で在庫ロスを少なくすることによってコストが下がるという前提ね」

「仕入れ値がどれくらい下がるか、やはり流通関係の人に聞きに行けばいいですかね」

「いいえ、逆から行ったほうが良さそうね。先にFCとして成り立つためにはどのくらいのロイヤルティー収入が必要で、そのためには、たとえば利益増額の半分を取ったとして、どのくらい利益を増やさないといけないのかをみるのよ。その額に現実味があるかどうかを後から検証すればいいでしょう。仕入れ値がいくら下がるかとか、納入価格がいくら上がるかということは交渉ごとだから、今、相手に聞いてみても正確な答えは得られないでしょうしね」

「なるほど。積み上げ式ではなくて、目標を達成できるかどうかを考えてしまうんですね」

僕はつい、杓子定規にデータ収集に走ってしまうなあ。

「そういうこと。まず、いくらのロイヤルティー収入が必要かということだけど、宣伝広告、POSシステムの費用が大きいかな。でもPOSはある程度フランチャイジーが増えてからでいいし、宣伝広告も当初は地域を限って新聞の折り込みチラシ程度でいいから、とりあえずは本部として経理、総務などの管理のための人件費ね。そうすると、三人で始めるとして、その人件費を三千万円くらいとしていいかしらね。最初の一年は全部で五千万もあれば足りるでしょう」

「ロイヤルティー料は普通、粗利の半分ほどですから、たとえば、上田さんのところの月の粗利百万円を適用すると、ロイヤルティーは月五十万円になりますね。年六百万です。そうすると五千万円の収入を上げるためにはフランチャイジーが八店も集まればいいということですね。で、フランチャイジー側の採算をみると、これも上田さんのデータを使うと毎月の利益が税引き前で五十万円くらいです。本部が利益の増分の半分を取るとすると、フランチャイジーの利益を今の三倍の百五十万円にしないといけないということになります」

「それはちょっと非現実的だから、二倍でいいとすると、ロイヤルティーは粗利の二十五パーセントということになるわね。典型的には一店舗あたりのロイヤルティーが月二十五万、さっきの半分になるから店舗数は倍の十七店舗くらい必要ということね。でも、利益が目に見えて増えるまではロイヤルティーをとるわけにはいかないから、最初の一年は投資と思わないといけないわね。つまり一年目に必要な五千万円の資金がまるまる要ることになるということね」

「だから、中原さんが現状のままでキャッシュフローを増やす方法にこだわっているんですね」

「そういうことね。とりあえず、そこをクリアしたとして話を進めると、一年間で十七店舗はわりと現実的だから集められるとして、利益を二倍にすることができるかどうかね」

「ちょっと計算してみます」

僕はノートパソコンに、エクセルで作ったシミュレーション・モデルを立ち上げ、数値を入力しながら話を続けた。

「原価を十パーセント落とせたとしましょうか。それと、スーパーなどへの納入価格を五パーセント上げられて、宣伝広告で売上数量を二十パーセント増やし、あと、効率化で経費を十パーセント減らすことができたとすると……税引き利益で、一・六倍ですね。ちょっと足りないな」

「営業キャッシュフローでみたらどう?」

「営業キャッシュフローでは、一・九倍ですね」

「それでいきましょう! これはあくまでフランチャイジーの説得材料なんだから、会計上の利益にこだわることないのよ。要するに手元に残る儲けが倍増しますという資料を見せれば、納得させやすいでしょう。実際、小さな企業にとってはキャッシュフローの方が大事なんだし。それに、原料在庫の圧縮を進めればもう少しキャッシュフローは増えて二倍以上になるでしょう」

「とりあえず、FC展開の肯定的要因の『利益が増える』は『儲けが増える』に言い換えて、何とか成り立ちそうということですね」

「そういうことね。次の肯定的要因の『仕事が楽になる』は、経理とかその他の事務にかかる時間が減るということはあるわね。でも、もっと楽にするためには、やっぱりどこかで半製品くらいにして後の半工程をフランチャイジーのところでやるということかな?」

「たとえば、豆乳まで大工場で作って、固めるところからをフランチャイジーでやるということですか? リトルマーメイドが冷凍生地を焼くところから始めるみたいなものですね」

「そう。それ! そうすれば、かなり仕事は楽になるわね。ただ、問題はまた否定的要因の一番が出てくるんだけど、それではやりがいがなくなるということね。この矛盾をどうするか。

仕事は楽にしながらも自分なりのこだわりの製品を作るってどうしたらいいのかな」

「さっき僕が言った普及品と高級品を作るというのは仕事が楽にならないからだめということになりましたけど、全員が二種類作らなくても、たとえば輪番制で高級品を作るという手はあるんじゃないですか?」

またアイデアがひらめいたので、とりあえず言ってみた。

「高級品はたくさんは売れないから、どこか一つのフランチャイジーで作って他に分配するということね。でも、高級品だってレシピができてしまえばあとはそのとおりに作るだけにならないかしら。そうしたらやっぱり楽しくはなくなるわよ」

「じゃ、毎月どこかに好きな豆腐を開発させて、それを自分のところで作って他の全フランチャイジーに分配するというのはどうですか?」

「うん。それはいけるかもしれない。フランチャイジーが六店になれば半年に一回新しい作品を開発すればいいということね。高級品をつくるところは普及品を他から回してもらえば仕事はあまり増えないしね。大豆から作るのはその一カ月だけで、普段の月は豆乳から普及品を作っていて、次の作品を考えていればいいということになるし。仕事は楽でやる気も出てくるということになるわね」

やった! いいアイデアが出せたみたいで嬉しい。

「でしょう! 仕事を楽にしておいて、その間、いろいろな大豆を取り寄せて、いろいろな水を試したりして試作品をゆっくり考えて開発するなんて最高じゃないですか」

「そうね。フランチャイジーが増えてきたら、地域で分けて一店で作れる範囲の地域で輪番制にするとか、豆腐ばかりでなくて豆乳とかゆば、揚げなどの製品にも高級品を拡大してもいいしね。あるいは、その店限定の品を作ることを許してもいいかもしれないわね」

怜子さんは僕のアイデアを膨らませてくれた。

「いいですね。お客さんも限定品に弱い人が多いだろうから、そのお店だけでしかも期間限定というのは売れますよ」

「これでフランチャイジーの欲求に答える方法が大体出たけど、あとは『店に来る固定客が離れる』という心配ね。でも、それはお豆腐屋さんのほうの思い込みに過ぎないと思うのね。そう高級なものを売っているわけでもないから、前に話したように、たとえば、普段は近所のお店で買って、たまにデパートとか名店街に行って高級品を買っているんじゃないかと思うの」

「そうですよね。そうだとしたら、今のお客さんが離れる心配はないし、逆に今のお客さんが高級品も買ってくれるようになるので、かえって顧客ロイヤリティーが高くなるんじゃないですか」

「そうよね。この仮説をベースにして簡単なアンケート表を作って上田さんのところとか、他のお店においてもらってデータを集めれば答えが出るわね……。それじゃ、あとでアンケート表のドラフトを作っておいてね」

アンケート

該当する答えの数字を○で囲んでください。

1．どのくらいの頻度でこの店に買い物にいらっしゃいますか？
①ほとんど毎日
②週２～３回
③月３～４回
④月２回以下
2．この店にいらっしゃる理由は何ですか？
①この店の豆腐の味が好きだから
②家から近いから／店の近くをよく通るから
③安いから／よくまけてくれるから
④昔からの習慣だから／何となく
⑤その他（　　　　　　　　　　　　）
3．一回の買い物でいくらくらい、使われますか？
①150円以下
②151～250円
③251～350円
④351～450円
⑤451以上
4．高級な（一丁250円以上）豆腐を買う場合、どちらで買われますか？
①この豆腐店
②その他の豆腐店
③デパート
④スーパー／高級スーパー
⑤名店街／ショッピングモール内の専門店
⑥その他（　　　　　　　　　　　　）

どうもありがとうございました。抽選で10名様にこの店の商品券を差し上げます。

やれやれ、人使いの荒いこと。この日は家に帰ってからアンケート表を作ってみた。

そして、何軒かの店先において、アンケート調査を実施した。もちろん、「抽選で五十名様にお豆腐買い物券が当たります」というインセンティブをつけた。また、実際に買い物に来た顧客に対する突撃インタビューも敢行した。怜子さんの行動力といったら、付いていくのが大変だ。でもそんなやり方でも答えてくれる人がたくさんいることがわかったのは勉強になった。長く話したがって、なかなか解放してくれない人もいて困ったほどだ。お買い物に来るおばさんたちは、コミュニケーションに飢えているのかもしれない。それはともかく、わかったことは、大体、仮説どおりだということだ。顧客のほとんどは豆腐を毎日のように食べるヘビーユーザーで、いつも決まった店で買っている。遠出したときには、デパートなどで価格が二倍以上もする高級な豆腐を買う。遠出する頻度は人によって違うが、平均すると月一回くらいになる。

もちろん、仮説とちょっと違っていた点もある。それは、豆腐屋で買う理由は、必ずしも丁度通りがかるからということばかりではなく、スーパーよりもおいしいと感じているからという人もわりと多くいたという点だ。実際は、小規模な豆腐店からもスーパーに卸しているのでスーパーよりおいしいというのは間違っているのだが、作っている人の顔が見えると安心感と親近感が出るようで、そのために無意識的においしく感じるのだろう。したがって、仮説とは違うものの、FC展開してブランドや商品名を統一した場合も、実際に作っている場面を見せれば、顧客が離れることはないだろうということになった。それより、高級バージョンや加盟

FC化のフィージビリティー　サマリー

(1)　フランチャイジーにとってFCに参加することの肯定的要因と否定的要因がある。

(2)　肯定的要因は

①　利益が増える：営業キャッシュフローが1.9倍になる

②　仕事が楽になる：普段は豆乳以降のプロセスでよい

③　後継者がいなくても店を存続させられる：FC本部が経営者を送り込んでくれる

(3)　否定的要因

①　自分だけの製品が作れなくなる（仕事が面白くなくなる）

②　店に来る固定客が離れる

(4)　否定的要因の解消方法

①　輪番制でオリジナル高級豆腐を開発し他のメンバーに配る

②　オリジナル高級豆腐で顧客を惹きつける（今までは、実際には味が好きで来ている固定客は少ない）

店ごとのオリジナル高級豆腐を出せば、お豆腐好きの顧客をより喜ばせることになるのではないかと期待される。高級バージョンを出せばデパートで高い豆腐を買ってくるより、いつもの豆腐屋で買うようになるだろうし、そのお店ごとのオリジナル高級豆腐を出せばより親近感が湧いて、おいしく感じると予想されるからだ。

（一〇）　売上を急増する方法

「なるほど、これなら確かにフランチャイジーは集められそうだな」

中原さんがこう言うと、

「そうですね。このくらい具体性を持って言われると勇気が湧いてきましたよ」

と上田さんも嬉しそうだった。中原さんが出張から帰ってから、上田さんも加えてミーティングをすることになったのだ。だけど、僕たちには手放しに喜んでいられない理由があった。そう、もう一つの課題が全然できていないのだ。

「しかし、その前提条件として資金が足りません。ＦＣ展開するためには、私たちの試算では五千万円ほどの初期費用がかかるので、やはり既存製品と自力だけでキャッシュフローを大幅に増やす必要があります。それがどうしたらできるのか、なかなか良いアイデアが出てこないんです。外部から資金を導入するとなると、銀行は無担保では貸してくれないから、ベンチャー・キャピタルを探すことになります。でも、彼らをその気にさせるためには、このＦＣ展開だけでは足りなくて、第二段階として新分野の製品の扱いを大幅に増やす計画を出す必要があると思うんです」

怜子さんは、当面のキャッシュフローを増やす手立てのないことをかなり気にしているようだ。

「それは確かにそうなんだが、出資してくれるベンチャー・キャピタルが見つからなければそれですべて終わりというのは避けたいな。もちろん、第二段階のビジネス・プランを作っておくことは必要だということは認めるが」

中原さんはそこで言葉を切った。

「何か良いお考えはありますか?」

怜子さんは、中原さんが良いアイデアを持っていると考えているようだ。

「君たちのFC展開の方法を見ると、どうも直販主体のビジネスモデルのようにも見えて来るんだが、その方向をもう少し追求してみたらどうかね。今はスーパーやコンビニに卸しているのが売上の大半なんだろう。でも、FCのフランチャイジーに対する説得材料をみると主に直接買いに来るお客さんからの収入を見込んでるんじゃないかね」

「そういえばそうでした。いつの間にか直販主体のFCを描いていたということですね」

怜子さんははっとして言ったが、僕も気づかなかった。FCということで一般消費者対象のビジネスというイメージにつながっていたんだろうか。

「やはり、スーパー相手ではなかなか利益成長はできないという認識があったんだろうね。それは正しいと思うよ。それに直販に本格参入する能力がありそうだとなると、スーパーとの力関係も改善されるだろう」

中原さんはフォローしてくれている。

「で、その方向を追求してみるということは、今の上田豆腐店でも消費者への直販を拡大してみるということですか」

僕も思い切って言ってみた。

「そういうことだ。そのためにはどういう道筋がある?」

「お客さんの数を増やすか、一度に買う数量を増やすかでしょうけど、お客さんの数を増やす場合、ほとんどのお客さんが毎日のように来ているということは、来店頻度を増やすのでなくて新規客を増やすということになるでしょうか。買う数量を増やすのは、新分野を始めない限り、急激には無理でしょうね」

怜子さんはいつも理詰めだ。

「ということは、何か集客力を上げるアイデアはないかということですね」

怜子さんは考えながら続けた。そうか、僕も考えなくては。

「顧客を囲い込むのはどうですか。飛行機のマイレージとか、ビックカメラのポイントとか、買うごとにポイントがたまっていって商品と交換するというような……」

僕は思いついたことをとりあえず言ってみた。

「今の顧客はほとんどが常連客なんですよ。その人たちは既に囲い込まれているんだから、ポイント制にしたら実質価格が下がって売上が落ちるだけじゃないんですか?」

上田さんに突っ込まれてしまった。また失敗。

「そう、新規客を集めたいから何か多くの人たちの興味を引くインパクトのあるアイデアが必要なんだ」

中原さんが解説してくれた。なるほど、インパクトのあるやつね。それなら、いろいろ考えられるな。僕は懲りずに思いつくままに口に出してみた。

「それじゃ、店というか、今の製造販売所を超豪華にするとか、超カワイくするとか、どうですか」

「それはいいかもね。だけど、お金がかかりすぎたら初期投資に使えるキャッシュは限られているので無理でしょ。できる範囲で、しかも投資収益率を見ながらということになるわね。どんどんアイデアを出して」

怜子さんの言葉に励まされ、キャラクターグッズをおまけに付けるアイデアも出してみた。

「サントリーがペプシのシェアを上げるために使った手ですね。それも効果があるでしょうね。ポケモンのミニチュアを付けるとかしたら、子供のいる人はねだられてよく買いに来るでしょうかね」

上田さんもポジティブな方向に持っていこうとしている。

「ちょっと邪道な気がするけど、まあいいでしょう。もっとばかげていると思われるようなことでもいいからアイデアを出してみよう」

と中原さんもアイデアラッシュを促す。

「豆腐ソフトクリームとか売って、一般の人の興味を引くというのはどうですか？」

上田さんはやはりデザート系の新規分野に意識がいくようだ。

「それもいいでしょうね。とりあえず、店に来てもらって豆腐に興味を持ってもらうということですね。ただ、本末転倒にならないように、豆腐に黒蜜をかけるみたいな、豆腐が主役のものがいいと思いますがね。そのほうが豆腐への興味につながりますからね」

中原さんは否定せず、上田さんのアイデアを改善し、広げた。

「値下げをするとか、特売セールをするというのは？」

今度は怜子さんが言った。

「それも集客力に結びつくけど、スーパーに対しては露骨すぎるな。やっぱり、納入先より安く売るのは商慣習に反しているから目立つよ」

上田さんが注釈をつけた。

「どんな復讐を受けるかわからないということですね」

怜子さんはうなずきながら言った。

「じゃあ、あまり目立たないように、食べ放題みたいのはどうですか？」

僕はまた思いつくままに言ってみた。

「というと、たとえば、毎月何万円かを払うと、その固定料金でいくらでも買い放題ということかい」

中原さんは理解が早い。でも、上田さんは即座に首を横に振った。

「それは、だめでしょう」

「なぜ?」

中原さんは理由なしに「だめ」ということを嫌うのだ。

「だって、売り切れになったら、お客さんは困るじゃないですか。インターネットみたいな料金固定でつなぎっぱなしの使い放題というのはモノじゃなくて接続というサービスを売っているからできることですよ。サービスは売り切れることはないんだし」

上田さんに代わって怜子さんが解説した。

「いや、面白いかもしれないな。もう少し考えてみよう。豆腐は確かに売り切れたらなくなるから、それ以上は絶対に売れないね。だけど、ビュッフェだってそうじゃないか。品切れになった料理はそれ以上、出なくなるだろう? インターネットの接続だって容量を超えたら他のお客さんはその時間帯はつなげなくなる。だったら、豆腐だって、『毎日、売切れ次第終了します』と言ってもかまわないんじゃないかな」

中原さんはわりとこだわっている。

「でも、一人のお客さんが全商品を買い占めたらどうするんですか?」

上田さんは合点がいかないようだ。

「そういう異常な行動は、あらかじめ約款で排除するように工夫すればいいです。それより、このような固定料金制にインパクトがあるかどうか、そしてキャッシュフローを劇的に増やす効果がありそうかを考えてみませんか」

中原さんはもう先まで考えて勝算があると踏んでいるようだ。

「固定料金制に乗ってくるのは、基本的にヘビーユーザーでしょう。そうすると、まず、今来ているお客さんはほとんどが飛びつくでしょう」

怜子さんが落ち着いて分析した。さらに続けて言った。

「それから同じ地域のスーパーで買っているヘビーユーザーも来るでしょうね。また、近隣の豆腐店に行っている人も来るでしょう。要するに、既存客のシェアを近隣のスーパーや豆腐店から奪うという形になりますね」

「うーん、自社が卸しているスーパーから奪った客については、タコが自分の足を食べるみたいなことになるな。カニバリゼーションというやつだ。でも、そのスーパーには他の豆腐店の製品もたくさんあるわけだし、近隣のスーパーや豆腐店からも客を奪うことにはなるから、とりあえずはそんなところでいいかな。……本当はヘビーユーザーの新規開拓をしたいのだが、それはやっぱり時間がかかるよな。……そこで、どのくらい客を増やせるかだが、その前にまず、どのくらい生産量を増やせるかを検討しておきましょう……、上田さんどうですか？」

中原さんは、やはり先を見通していたようだ。

「父はもうあまり長い時間、仕事をしたくないようですが、物理的には現在一回転しているのを三回転までは増やせるから、単純計算すると生産数量は三倍にできますね」

「そうですか。そうすると売上数量は三倍まで増やせるとしておきましょう。それから平均単価が高くなるでしょう。現在は九割以上がスーパーとコンビニ向けだから……裕太、確か平均単価は七十円だったよな」

中原さんに言われるとハッとする。とっさに手元にあったキャッシュフロー分析の表を見たら、そのとおりだった。こういうことは頭に入れておくべきことなんだなと感心してしまった。

「増産した分がすべて直販で売れたとすると、七割くらいが直販、三割がスーパー、コンビニということになるな。ここからはまったく根拠のない話になるが、固定料金導入の結果、直販の平均単価が百円になったとしよう。そうすると、全体の平均単価は九十一円になるね。数量が三倍で単価が一・三倍だから、結局売上金額では四倍になるということか」

中原さんが説明を続けた。

「四倍なら大幅といえますね。つまり売上を大幅に増やすのに、生産面での制約はないということですね」

今度は怜子さんが話を前に進めた。

「それじゃ、固定料金制が売上を増やすインパクトになるかどうかということ、というより、三倍の生産量を全部捌くほど客数を増やせるかということですが……」

「現在の生産数量が豆腐換算で一日七百丁ですから、それを三倍にしたときの増加分が千四百丁。それを売ることができるかですね。あ、でもこのうち固定料金制にしたために今のお客さんの買う量が増える分を差し引かないといけないですね」

僕はパソコンの画面を見ながら説明した。

「今のお客さんは、わりと高齢で、平均すると五十歳代くらいですから、固定料金にしても、たぶん一・五倍くらいにしか増えないんじゃないかなあ。というより、ほとんど毎日買う人は量を増やすのでなくて、固定料金にして支出を抑えようとするんじゃないですかね」

上田さんがお客さんを思い浮かべながら言った。そこで、僕は計算ながら続けた。

「それじゃ、平均してお客さんが一日二丁買うとしていいですか。たしか私共のアンケート調査でも同じ結果になっていました。そうすると、千四百丁を二丁で割って、一日七百人のお客さんが新たに来るとすれば生産量を三倍にしても全部売り切れるということになりますね」

僕は上田さんに聞いてみた。

「七百人はきついな。うちだって、今五十人ですよ。うちと同じ規模の店、十四店からすべてのお客さんを奪う計算になりますよ。あとはスーパーか……」

上田さんはちょっとがっかりしている。

「料金の設定方法によるでしょうね」

と中原さんが引き取った。そして続けて言った。

「さっき私が話した『直販の平均単価が百円』というのは、定価が百五十円だから、約三割引ということです。つまり、毎日二丁ずつ買う人は三割引になるという計算になります。これだとちょっとインパクトが足りないな。四割引きとすると九十円。それでもいいか。このインパクトで、どのくらいスーパーなどからヘビーユーザーを奪えるかですね」

「それでしたら、現在、スーパーの豆腐の固定客は千五百人くらいじゃないかということです。これは実際、スーパー五件に行って聞きました」

ここは僕の出番だと思い、上田さんに代わって答えた。

「裕太君、よく調べたわね。そうすると、近隣にスーパーは三軒あるから、ヘビーユーザー四千五百人、このうちの七百人は十五パーセントくらいね。これを大きいと見るか小さいとみるか、微妙なところだけど、他の豆腐店から奪う客もいるし、新たにヘビーユーザーの仲間入りをする人もいることを考えると、十パーセントくらいになるかもしれないですね」

怜子さんの計算は素早い。

「四割引なら十分可能性のある数字ですね。スーパーの帰りにでも寄っていこうという気になりますよね」

もう上田さんは立ち直ってやる気になっている。

「まあ、そうあわてないで」

怜子さんが上田さんを落ち着かせてから言った。

「ちょっと計算してみましょうか。毎日平均二丁買って四割引になるとしたら、月の固定料金は、一カ月を二十五日とすると……四千五百円か。まあ、わかりやすいジャスト・プライスで五千円にしてもいいでしょう。それでヘビーユーサーは間違いなく入るでしょうね。一日おきに二丁買う人だったら、二割引。それでもけっこう魅力的ですよね」

「そう。スーパーで豆腐類を買わずにわざわざ上田豆腐店にまで足を運ぶ人もけっこう出てくるだろうね。その辺の感覚はまたアンケート調査して確かめたほうがいいだろう」

中原さんは頭の中がすっかり整理されているようだ。

「裕太、また調査表を作って、実地でやってみてくれ。要はどのくらいのライトユーザー、要するにヘビーでないユーザーまで取り込めるかということだ。月五千円として、月に何丁買えば、定価の何割引になる、という表を作ってそれを見せながら何人かの人に聞いてみるといいよ」

「はい。それで結局、売上がいくらふえて、キャッシュフローはどうなるのか、ということを分析すればいいんですね」

僕が確認すると、中原さんがさらに進めた。

「そうだ。でも、さっきの簡単な見積もりでは、売上が四倍ということだったからキャッシュフローもそのくらい劇的に増えるという前提で、ここでは話を進めておくとしよう。三枝君、時間軸を入れて、今まで話してきた戦略の行動計画を段階ごとに整理してください」

「はい、では、第一段階ですが、ここでの目標は、営業キャッシュフローを劇的に増やす。具体的には四倍、売上が増えれば効率も良くなるからもっと増えるはずですが、とりあえず、四倍にしておきましょうか。そのためにする施策は、①生産量を三倍にする、②固定料金制を導入する、ですね。それと③集客力を強化するために店を改装するというのも入れておきましょう」

「固定料金制は何でも買えることにするんですか？」

僕はちょっと引っかかったことがあったので聞いてみることにした。すると、上田さんは思い出したように言った。

「ああ、そういえば納豆は仕入れ品でした。これはあまり安くはしたくないので外したいですね。あとはうちで作っているものばかりで、豆腐の他は揚げと厚揚げ、がんもどきの三点ですかね。あと、おからと豆乳もそのままでよければ入れておきましょうか」

「そうですね。何も全製品とすることはないと思いますよ。それに将来、高級品やオリジナル品も出す予定だから、それらも外すことができるようにしておくべきでしょうね。だから、たとえば、定期券のようなカードを発行して、その裏に契約約款を書き入れて、『対象商品は、豆腐、豆乳、揚げ、厚揚げ、おからのスタンダード品とする』というのを入れておくといいでしょう。もしかすると、固定料金制の魅力を上げるためにスタンダード品の品揃えを増やしたほうがいいかもしれませんね。豆腐でも、ざる豆腐とか、おぼろ豆腐とかもあるし、生ゆばなんかもいいかもしれないですね」

さすが中原さん、僕の質問を先読みしていた。

「高級品やオリジナル品を外すというのはどういう狙いなんですか？　私は固定料金の対象にした方が魅力があって客が集まるように思えるんですが」

上田さんはよくわからないようだった。

「いいえ、つまり、固定料金制で集客力が高まったところで、新しい商品を置いて、それを固定料金対象外として客単価を上げるということなんです。それには、一カ月とか三カ月で変わる期間限定のものとか、その店のオリジナル品が『特別なもの』と認識されて丁度いいんです」

「中原さん、それ、すごい！　それでこそ高級品やオリジナル品を扱う意味が出てきますよね」

上田さんはまた舞い上がってしまった。

「いいえ、本来は、高級品やオリジナル品はフランチャイジーのモチベーションを上げるためです。でも、儲けが増えれば、さらにモチベーションが上がるから二重の効果になるということになりますね」

怜子さんは冷静に話を元に戻した。

「じゃ、続けますよ。第二段階はＦＣ展開です。第二段階へ進むための条件を考えてみましょう。ＦＣ展開に必要な資金として一年目に五千万円と考えていますから、期首には三千五百万は欲しいところですね。現在の営業キャッシュフローが約三百万円ですから、四倍になったとして千二百万円。……上田さん、あなたの貯金はいくらありますか？」

「単刀直入に聞きますね。退職金も入れると、二千万円くらいです。結婚資金はしばらくゼロとします」

「しばらくはご結婚を諦めていただくとすると、順調に行けば一年半で目標額に達するということですね。ＦＣ展開の準備にもそのくらいはあっという間に経ってしまいますから、ちょうどいいじゃないですか」

怜子さんは冗談ではなく、真顔で言っていた。ビジネスはそのくらいの覚悟でないといけないのだろう。

「で、続けますが、第二段階に進む準備も必要です。これは、『月間の営業キャッシュフローが現在の四倍、つまり百万円となった』ときに開始します。あまり早く始めても無駄な投資に終わる可能性があるからです」

怜子さんの説明は続く。

「準備の内容は、①フランチャイジー、つまり加盟店の候補をリストアップして接触を始める、②大規模な豆乳製造ラインを設置する場所を探す、……あるいは豆乳の外注先を探すことになるかもしれません、③フランチャイズ契約の内容を起草する、④第二段階の業務とそれらを任せる人材の採用方針を練る……とりあえず、この四つくらいでしょう」

「ははあ、そのとおりですね」

上田さんはメモを取って真面目に聞いている。

「で、実際に第二段階に進んだ場合の作業項目ですが、①加盟店を募集する、②大規模豆乳工場を建てる、③豆乳工場から各加盟店へ毎日豆乳を配送する物流網を構築する、④スーパーとコンビニの本部と契約交渉する、⑤大豆などの原料供給業者と値段交渉をする、⑥スタンダード品の仕様とレシピを作る、⑥高級品の企画を加盟店から募集する、⑦広告や販促の方法などのマーケティング戦略を構築する、といったところです。この段階になるとかなり忙しくなりますよ、上田さん。まあ、ベンチャーですから当然ですが」

怜子さんはよく矢継ぎ早にやるべきことが出てくるもんだ。頭の中で整理されているということか。

「やりがいがありますね。ベンチャーのトップとして何でもやりますよ。で、次の段階は？」

上田さんの覚悟も相当なものだ。

「次の段階は今から決めるには早すぎますが、おそらく、新規分野の立ち上げでしょうね。豆腐類だけでは売上がすぐに止まってしまって、上場するほどにはならないでしょうし、フランチャイジーにとっても成長が止まるとモチベーションが下がってしまいますから。それは、同じFCの中で売る新しい製品も必要ですし、まったく違った事業として新しいチェーンを立ち上げることも考えた方がいいでしょう。まあ、第二段階が軌道に乗ってきたところでまた考えましょう」

中原さんが最後の説明を引き受けた。

「よくわかりました。よろしくお願いします」

上田さんは、やる気のみなぎった表情で立ち上がり、僕たちに最敬礼した。

（一一）　エピローグ

上田さんは結局、僕たちの提案を全面的に採用してくれた。何だか怖いような気がするが、今のところ予定どおり、うまくいっているようだ。店（兼作業場）は江戸の町人文化の漂う小ぎれいな雰囲気にしたし、固定料金制には最初の一週間で三百人集まったそうだ。もっとも、五品ではちょっと不安だったので、ざる豆腐を一つ加えたそうだ。それから、今まであまり豆腐類を食べていなかった人をヘビーユーザーにするために、ざる豆腐を温かいご飯にかけてしょうゆを少したらして食べることを写真入りのポスターにして、店頭に貼って提案した。そこには豆腐にはカロリーは少ないが、タンパク質のほかにも脂肪分やミネラル、ビタミン類、食物繊維、さらにイソフラボンも含まれ、人間が必要とする栄養素をほとんど採れることもうまく説明してある。上田さんはさらに、新規客を惹きつけるために、こだわりのデザートを作った。これはケーキとかアイスクリームのような豆腐の付加価値が少ない製品ではだめだという僕たちの主張を受け容れ、つるつるっとした絹ごし豆腐に甘口ワインをかけたものとなった。ワインはソーテルヌとかアルザスのセレクション・グラン・ノーブル、ドイツのアイスワインなど六種類から選べるそうだ。上田さんもなかなかのアイデアマンだ。それらはけっこう話題になって人気が出ている。

というわけで、第一段階はどうやら成功のようだ。本当によかった。これから第二段階へと進み、いよいよ従業員を増やして大きなお金も動くようになるわけだ。ぜひうまくいってほしいと思う。

僕は、ケースが終わるごとに気づいたこと、わかったことなど、要するに学んだことをメモっておくことにした。早速、一つ目のケースで学んだことを考え、書き始めた。

戦略構築実践メモ　その一

①　事業を成長させる方向はいろいろある

事業を成長させる方向は、大きく分けてまず、既存事業と新規事業とに分かれる。既存事業では客単価の上昇地域的拡大、品揃えの拡大、新規顧客の獲得などが考えられる。新規事業は新製品分野への拡大、川上分野への拡大、客単価の上昇、川下分野への拡大などが考えられる。

②　敵は同業と限らない　買い手である場合もある

競争というと、つい同業他社との戦いと思いがちだが、買い手との戦いのほうが重要な場合もある。買い手、つまりお客さんとの戦いというと変な感じがするが、売り手と買い手は価格などの条件交渉を行うから、戦っているといえる。同業との戦いはパイの食い合いだが、買い手との戦いは付加価値の取り合いなのだ。たとえば、インターネットの普及は、メーカーにとって直販の場を提供し、量販店などの小売に対して強気に交渉できるチャンスを与えている。これまで小売店に買い叩かれてきたメーカーにとっては朗報だ。

③　業界構造を変えられないと諦めてはいけない

業界構造とは、その業界の一般的な魅力度、すなわち構造的に儲かるのか、儲からないかを決定する業界固有の要因だ。これは企業にとって、外的要因なので、一つの企業にはどうにもならないと考えられがちだが、決して影響を与えられないわけではない。たとえば、大手企業同士の合併で業界の再編を促すことは、同業者間の競争を緩和し、買い手と売り手に対する交渉能力を高くすることになる。合併まで行かなくても、同業同士で販売提携や共同購入をすることは買い手や売り手に対する交渉能力を高くすることになる。

④ 規模を大きくするメリットは生産コストの削減だけではない

規模を大きくすると、生産設備と人員の稼働率が上がり、製品一単位当りの生産コストが下がることが第一のメリットだが、それ以外にも、原材料供給業者、および買い手に対する交渉力が上がるというメリットもある。つまり、原材料費を下げ、販売価格を上げることができる可能性がある。したがって、生産面におけるスケールメリットの小さい業種でも、規模を大きくするメリットがある。

⑤ 新規事業は「作れるモノ」から安易に考えてはいけない

新しい事業分野への参入というと、つい自社の作れるもの・できるものに目が行きがちだが、安易にその方向へいくことは危険な場合が多い。あくまで、自社が優位性を獲得できることを基準にしなければならない。つまり、作れるからといって優位性を獲得できるとは限らないということだ。たとえば、自社が原料を作っている場合、それを利用した川下の製品を作ることは比較的容易だが、その製品の付加価値が加工部分にあるのなら優位性は獲得できない。自社に加工の技術やノウハウがなければ、曲がりなりにも製品はできたとしても既存業者にかなわないからだ。

⑥　新規事業の前に既存事業の強化を十分に検討する

今もっている事業が儲かっていなくて将来も明るくない場合、それを見限って新規事業にシフトするという結論を出すのは簡単だが、その結論を出す前に、今の事業の業績を改善する手立てをじっくり検討しなければならない。新規事業はそれなりの資金も人材も必要だし、時間もかかる。体力のない小さな会社はちょっとした失敗で倒産してしまうから、気をつけなければならない。

⑦　新しいビジネス・モデルは大胆に発想し、緻密に計算する

ビジネス・モデルを変更することは、既存事業の立て直しのための有効な手段だが、これを発想するときは常識を捨てて白紙の状態から行うべきであり、逆に是非を検討するときは綿密に採算性を計算しなければならない。

（注）

1　コンサルティング会社や法律事務所に依頼されてくる事案。現実の仕事なのでこのように呼ぶ。同じケースに参加するコンサルタントの集合をケース・チームという。

2　パートナーは共同経営者。シニアとなると直接経営に携わる、役員のような存在。

3　出資する共同経営者。ただし、ヒラのパートナーは形ばかりで、ようやく一人前のコンサルタントとして認められたことを意味する。

4　競合優位性によって事業を分類した図。「優位性構築の可能性」の高低と「規模の経済性」の大小の二つの軸で構成され、四種に分類される。事業のライフサイクルをこのコンセプトで説明すると、まず特化事業（優位性構築の可能性が高く、規模の経済性も大きい事業）として生まれ、規模型（優位性構築の可能性が低いが、規模の経済性が大きい事業）または分散事業（優位性獲得の可能性は高いが、規模の経済性が低い事業）を経て、最終的には手詰まり事業（優位性構築の可能性が低く、規模の経済性も小さい事業）となって消滅する。

5　現金収支。家計簿のように収入から支出を引いて残った金額。

6　損益計算書に掲載される利益。損益計算書は英語でP／L（Profit and Loss Statement）と呼ばれるので、P／L上の利益ともいう。キャッシュフロー（現金としての利益）に対して使われることが多い。

7　営業活動から得られる現金。投資活動、および財務活動から得られる現金を含まない。営業利益に減価償却費を足し、運転資金（未回収債権と棚卸資産を足し、未払い債務を引いたもの）と税金を引いたものとなる。

8　借金することによって、手元資金だけを使った場合よりも利益を大きくすること。逆に損が出た場合は、損が大きくなる。「てこの原理」とも呼ぶ。

9　営業キャッシュフローから、設備投資など投資活動に使った現金を引き、投資活動から得られた現金を足したあとに残った現金。

10　Economic Value Added（経済的付加価値）。事業用の資本から生みだされた利益から、その事業用資本にかかる機会コスト（その資本を同じくらいのリスクの事業に投資していたら得られるであろう平均的利益）を引いた後に残った利益。税引後営業利益のうち、投資家が期待する利益を超える部分。詳しくは、拙著『戦略的財務のスキル』（日科技連出版社）194ページ以下参照。

11　ブレーン・ストーミング（Brain Storming）厳密には四つのルールがあるが、一般的には自由な発想で、思いついたアイデアを出し合うことを指す。

12　地域のカバー率。製品を店においている地域の率。

13　相乗効果。二つが組み合わさることにより、それぞれが独立して存在するよりも価値が大きくなること。1＋1が2より大きくなること。

14　マネジメント・バイ・アウト（Management Buy Out）の略。事業部門あるいは子会社の経営陣がその部門（子会社）の資本を買い取ってオーナー経営者となること。

15　本部のない加盟店だけのチェーン。加盟店が協同して運営、管理する。

16　製造したものに相手方のブランドを付けて売ること。

17　あることをやるための動機、励みとなる事柄。

第二話　携帯電話市場のシェアを奪取せよ

登場企業

ストラテジック・ディシジョンズ、インク（ＳＤＩ）――現在急成長中のＳＤＩには、立て続けで仕事の依頼が来て繁忙を極めている。

ポルタモンド――第二話のクライアント。フランスの携帯電話メーカー。世界市場では大手だが、日本ではまだ成功していない。

登場人物

藤原裕太――上田豆腐店のケースでは新人コンサルタントとして多くを学び、新たなケースに臨む。

三枝怜子――中原からアサインメントのあった新しいケースに対し、憂慮している。

中原幸作――二週間の海外出張から戻ってきたＳＤＩのベテランコンサルタント。ポルタモンドの仕事を藤原裕太と三枝怜子に持ち込む。

奥山――ポルタモンド社日本法人の社長。業績が上がっていないので保身に走りがち。

小野――ポルタモンド社日本法人の営業部長。会社の状況には非常に危機感を持っている。

渡辺――ポルタモンド社日本法人の営業部主任。小野の部下。

（一）　新しいアサインメント

上田豆腐店のケースが終わりに近づいたころ、二つ目のケースの話がきた。僕のような新人はじっくりとオン・ザ・ジョブで仕事を覚えるために普通は一つだけのケースに入ってきてその業務に集中するのだが、なぜかこの時期、仕事が立て続けに入ってきてオフィス中が非常に忙しく、新たに受けられるのは、僕と怜子さんだけだったのだ。それは、中原さんが海外出張から帰ってきた翌日のことだった。もう梅雨入りして小雨がしとしと降っていて窓の外はどんよりと見通しの悪い日だった。上田豆腐店のミーティングが終わろうとしたとき、中原さんが切り出した。

「さて、それじゃ、ちょっと、いいかな。実は君たちにもう一つ、別の仕事の話がきているんだ。本当は二人ともこの豆腐店のケースに専念してもらいたいところなのだが、どうも他に人がいないらしいんだ。ちょっと忙しくなってしまうが、できるだけゆっくりとスタートできるようにするので、何とかお願いできるかな？」

「『いやです』といっても、どうせ押し込まれるんでしょうから、最初から無駄な抵抗はやめておきますよ。上田さんの仕事もゴールが見えてきたし、何とかなると思います」

怜子さんに言われると中原さんは苦笑いしていた。僕としては今の仕事で精一杯な気がするが、その一方、新しいことには好奇心が湧いてきて、やはり断りたくない気持ちがある。それに、リーダーが怜子さんであれば、もう一つの仕事の状況がわかってくれるので、どちらも殺人的に忙しくなるということがなさそうなところがいい。その代わり、もう一つの仕事が忙しくてといういいわけはできなくなるが……。

「僕はまだよくわからないので、ご判断をおまかせしますが、やれそうならやりたいです」

答えになっていない答え方をしてしまった。

「よし、じゃあ、決まり！　これは携帯電話機のメーカーの仕事だ。フランスのポルタモンド社なんだが、ヨーロッパとアジアのマーケットシェアがトップで、アメリカでも二位なのに、日本では全然売れていない。何とかシェア増大の方法を考えてほしいということだ。でも、もし見込みがないなら撤退も考えるそうで、いわば背水の陣を敷く覚悟だそうだ。来週の月曜に日本法人の社長に話を聞きに行くので一緒についていきてほしいんだ」

なるほど、その話で出張していたわけか。それにしても、あっさりともう一つのケースに入ることに決まってしまったな。でも、ハイテクな世界には興味があるので、よかったような気がして、少し嬉しい。でも、大丈夫かなあ。

「けっこう面白そうですね」

中原さんが出て行ったあとで、怜子さんに言ってみると、彼女は浮かない顔をしていた。

「何言ってんの！　これはクライアントの協力が全然得られないかもよ！　仕事を頼んでき

たのが本社なんだから、日本法人のほうは本社から信用されてないとか、業績の上がらないのを責められていると思ってしまうでしょ。勝手に本社がコンサルタントを頼んだんだから、お手並み拝見という気持ちになるのよ。それにもし、コンサルタントの提案どおりにして業績が改善したら、やはり自分たちが悪かったということになってしまうから、できるだけコンサルタントが入っても業績は変わらないという結果にしたくなるでしょ」

「そうなんですか。それはきついですね」

「まあ、協力を得られるように、社長とこのプロジェクトの担当者の心を解きほぐすのにかなり時間とエネルギーを使うことになるわね。ああ、気が重いなあ。もう、中原さんにやられた。やると決めさせてから中身を話すんだから」

僕のほうがしわ寄せが多いかもしれない。クライアントからデータをもらえないとなると、方々からデータを集めて、また業界に詳しい人を探して話を聞いたりしなければならないからだ。それも上田豆腐店の仕事と掛け持ちだし、ついてないな。

それにしても、今度の仕事はどんな解決策になるのかまるっきり見当がつかない。外資系の製品で、日本以外では売れているのに日本ではだめという話はしょっちゅう聞く話じゃないだろうか。自動車とか、ビール、乳製品、ケチャップ、化粧品・歯磨き粉などのトイレタリー製品……。いくらでも挙げられる。それはなぜかというと、日本国内の競争が激しくて、楽な外国で勝てている企業も日本では勝てないから……かな？　でも、そうだとすると、逆に厳しい環境で揉まれている日本の企業が外国で勝てないといけないことになるが、成功しているのは自動車くらいか。どうも変だな。あとは、商習慣の違いということはよく聞く。流通チャネルが複雑すぎてわからないとか、バック・マージンの仕組みがわかりにくいとか、長年の信頼関係がないと卸に扱ってもらえないというようなことが日本への参入障壁になっているらしい。それから、法規制が厳しいことが事実上の参入障壁になっているということもある。

携帯電話の流通も難しいのだろうか……。家電量販店でよく売っているけど、携帯電話以外の製品も、確かに外国製品が少ないな。パソコン、プリンター、デジカメ、電子手帳、電卓、テレビ、オーディオ、ＩＣレコーダー……。日本製品ばかりが並んでいる。いや、待てよ。これらはそもそも日本製品が強くて、世界中で売れてるんじゃないかな。そうだとすると、日本の参入障壁ということでもなくなる。パソコンはどうなんだろう。日本の製品が世界中で強いわけではないぞ。いや、でも世界で成功しているのはデルで、これは直販の会社だから量販店で売ってなくて当たり前だな。ＩＢＭやＨＰは量販店でもわりと扱っているし。アップルのマックなんか日本でのシェアのほうが外国より高いと聞いたような気がする。やっぱり、よくわからない。

（二）　日本の携帯電話市場は特殊？

「ようこそいらっしゃいました。ポルタモンド・ジャパンの奥山です」

中原さんに連れられて、怜子さんと僕が訪問すると、社長一人が出迎えてくれた。それから、応接セットの置かれた社長室へ入り、自己紹介と挨拶、名刺交換が一通り済むと、奥山社長が切り出した。

「それで、今日はどんなことをお話しすればよろしいのでしょうか」

「はい、大体のことは本社で伺ったのですが、やはり現地の最前線で活躍されている方から直接、日本の携帯電話業界のこと、そして御社の状況を伺っておきたいと思いまして、まずは……」

中原さんが言いかけると、奥山社長は途中で遮って、待ってましたとばかりに話し出した。

「そうですか。いや、日本のこの携帯電話市場は歴史上稀に見るほど特殊でしてね、よくご理解いただかないと大変な間違った方向へいってしまう恐れがあるので、その辺のところをぜひ、じっくりと説明させてください」

日本市場特殊論できたか。話したいことを準備万端整えてあるようだった。

「といいますと、どんなことでしょうか」

「まず、日本の通信規格が特殊なんです。現在は第二世代と呼ばれるデジタル方式が主流なわけですが、これは日本ではPDCと呼ばれる規格で、残念ながら日本以外ではどこでも使われていません。ちなみにヨーロッパのGSM規格は、ヨーロッパとアジア、アフリカ、アメリカなど、ほとんどの国で採用されています。アメリカは一部ですが……」

規格が違うと市場が特殊というのはどういうことだろう。僕が思い悩んでいると、怜子さんが質問した。

「規格が違うと設計も違ってくるのですか?」

設計が違えば競争にも影響が出てくるということか。

「そうです。だから日本向けにまったく違う製品を開発しなければならないんです。他の国はGSM方式ですから、世界中ほとんどどの国でも同じ製品を売ることができるんです。そうすると、本社としては当然、日本向けの製品開発には力が入らないでしょう。それに、開発費を回収する売上に達するまで日本一国ではどうしても時間がかかりますしね。そうするとなかなか新製品も出てこない。日本以外では人口が何十倍もあるからどんどん売れ、新製品もどんどん出てくる。いち早く新機能を搭載するのでますますよく売れる、というよいサイクルができるんです。日本ではその逆で、悪循環になってしまうんです。うちの製品がまさにこの悪循環にはまり込んでいるのです」

「なるほど、日本がPDC方式であることが決定的な要因となっているということですね」

怜子さんが念を押した。

「そうです。このことは業界では常識ですよ。外国製品はすべてうまくいってないでしょう？　結果がすべてを物語っていますよ」

奥山さんは溜飲を下げたように言い切った。

「そうすると、よく売れるヒット製品を一つ出せば、よいサイクルに入って、すべてうまくいくということですか？　つまり、よく売れれば開発費の回収が早く終わり、他社に先駆けて次の新機能を盛り込んだ製品を出すことができ、さらに大きなヒット製品となる、ということになりますが、私の言っていることは正しいですか？」

これは鋭く切り込んだ。怜子さんは頭の回転が僕の十倍くらいあるみたいだ。一発ヒット製品が出れば大逆転につながるとなると話は簡単で、外国メーカーであろうとハンデはないことになる。

「基本的にはそうなんですがね。というより、そうだったんですと言ったほうがいいかな」

奥山さんはたじろぐことなく、続けた。

「携帯電話の機能が複雑になってくると、操作が難しくなってくるでしょ。そうすると、多くの人はせっかく覚えた操作方法を変えたくなくなってくるようでして、メーカーも変えたくなくなるんです。あなたも電話番号の保存や検索とか、日本語入力とか、メールの送り方とか、覚えるのに時間がかかったでしょう？　またマニュアルを見ながら一から覚え直そうと思いますか？　そうじゃないでしょう？　それで、新しい機能を持った機種が出てきても、自分の使っているメーカーのものが出るまで待つということになるんです」

「そうすると、いち早く新しい機能を入れた製品を出しても消費者に飛びついてもらえず、マーケットシェアの小さいメーカーはいつまでたってもヒット製品を出せないというわけですか……なかなか難しいですね」

怜子さんはちょっとがっくりきたようだ。

「そのとおり！　我々としても起死回生の一発ホームランを狙って、今までユーザー調査などしていろいろ本社の開発部隊に提案や要望を出してきたんですが、日本だけの開発ではなかなか本気になってもらえなくて、いつも機を逃し、忸怩たる思いがあったんです。カメラ付携帯なんてずいぶん前から提案していたのですが、結局日本のメーカーに先を越され、今となっては何の差別性もなくなってしまいました。本社ではカメラ付きなんてぜんぜん取り合ってくれなかったんですよ。もちろん、カメラ付きでは日本が一番早く、大きなリードを奪ってましたから、本社の連中をあまり非難できないですけどね。まあ、とにかく、我々の努力もむなしく、すでに勝負ありという段階になってしまったんです。もうお手上げですよ」

「そういうことですか。そうなると、マーケットシェアを奪うためには、ユーザーの操作を覚えることに対する心理的なバリアーを越える何かが必要ということですね」

中原さんが話を引き取り、ここはいったん退散という感じになった。

「そうですね。ぜひ良いアイデアをいただけたらと思います。我々も白旗を揚げているわけにもいかないですからね」

奥山さんは目的を達成して安堵の表情だ。

「ところで、今後のことですが、マーケット調査ですとか、技術的なことやユーザー動向を教えていただくためにも御社のご協力が必要になるのですが、どなたか専任で私どもと一緒に働くスタッフの方をつけていただけませんでしょうか」

中原さんは今度は、もう一つの主な目的である、協力体制の受け入れについて切り出した。

「はい、それは本社からも言われてまして、私も考えたのですが、悩ましいことに間接部門はどんどん削られておりまして、ヒューマン・リソースが足りないというのが正直なところです。申し訳ないのですが、私がその役を務めさせていただくほかないという結論に達したのですが、よろしいでしょうか」

やっぱり抵抗してきたか。これは手強そうだ。

「社長に担当していただけるのは心強いですけど、社長もお忙しいでしょうし、若輩の私などが気軽に物事を頼める、窓口的な方でけっこうですので、一人、何とかなりませんでしょうか」

ここは僕の出番と思い、食い下がってみた。

「お恥ずかしい話なのですが、社内では日本撤退もあり得るというような噂が流れておりまして、そんなさなかにコンサルタントが入ったということを知られますと、また憶測が流れて内部崩壊しかねないので、ここは私だけにしておいてもらいたいのです」

結局はとどめを刺され、何も協力体制を組んでもらえないという状態で終わってしまった。

怜子さんの落胆の表情も見て取れた。

（三）　新機能と通信方式世代のあれこれ

今日も薄暗い雲が立ち込め、今にも雨が降りそうな鬱陶しい空模様だ。駅へ向かう帰りの道すがら、怜子さんが口を開いた。

「今日はいいようにやられましたね。奥山さんとしては、ほとんど協力はしないことになったし、情報はすべて自分が握るような体制ができたということで大満足だったんじゃないでしょうか」

中原さんに対してけっこうシビアに言うもんだ。

「まあ、そういうことだね。面目ない。ただね、初対面のときは相手に『組みやすし』と思わせるほうがいいのかもしれないよ。どうも、今回は彼に頼らざるを得ないところがあるし、そもそも戦略を実行するのは奥山さんだからね。悪い人じゃなさそうだし、能力もありそうだから、『もしかしたら、やれるんじゃないか』という期待感を抱かせることに成功すれば、このプロジェクトは自分の仕事だと考えるようになって、積極的に協力してくれるようになるんじゃないかな。そして、僕たちは彼にとっては、良い協力者であって、使えるスタッフということになっていくだろうし」

「そうですね。確かに戦略は実行してもらわなければ無価値なわけですから、彼をうまく乗せないといけないわけですね」

「そう。だから、とにかく今は本社からの回し者と思われているから、手強い敵として警戒されるよりも、少なくとも大した敵にはならないと思ってもらったほうがいいんだよ。その次は、うまく使えば味方にできるんじゃないかという期待を持たせるようにしようじゃないか」

「だんだんと信頼を勝ち取っていけばいいわけですね。味方になると思わせつつ、実力を認めてもらうためには、早い段階から役に立つような洞察とか考え方を見せないといけないんじゃないでしょうか」

「それで思ったんだが、彼は日本の携帯電話業界の特殊性を説明するのに通信方式という技術的なことから入っただろう？ だから、彼は技術畑出身じゃないかと思うんだ。もちろん後で確かめておくけど、そうだとすると、技術を理解している人には信頼感とか親近感を持ちやすいんだ。だから裕太、忙しいところ悪いんだが、急いで携帯電話の技術に関する情報をかき集めて、頭に詰め込んで僕と三枝君に講義できるようにしてほしいんだ」

おっと、急にこっちに振ってきた。

「は、はい。やりますけど、研究者が話すような学問的なことは無理ですよ」

「いや、そこまでは必要ないよ。研究者でなく、経営者である奥山社長と同じレベルで話ができればいいんだ。つまりどういう技術を使えばどんなことができるのか、あるいは、どんな差別化が可能なのか、とか、どのくらい設備投資やオペレーション・コストに影響するのかといったことだ」

「わかりました。で、何日くらいかけていいですか?」

僕の頭の中はちょっとパニックになってしまった。このケースはゆっくり立ち上げると、この前言ったばかりなのに、それはないいんじゃないの、とは思うものの、まだ不満を言える立場ではない。

「もう一つのケースもあることだし、あまり無理はできないから……三日ってとこね」

怜子さんは容赦がない。

「そんなあ。携帯の勉強をするだけで正味三日かかりますよ」

「まあそうね。じゃ、五日。土日を入れて一週間後にミーティングしましょう」

何だか最初から五日にしようとしていたみたいだ。うまくやられたと思いながらも、承諾せざるを得なかった。新米はつらいな。

それから約三日間、この仕事にかかりっきりになった。インターネットで情報を収集し、新聞や雑誌の記事を読み、本も数冊買って必死に勉強した。読んでわからなかったことは量販店の携帯電話売り場でいろいろ質問してみた。とにかく、この分野に関しては情報量がものすごい。第三世代携帯電話はいつごろ普及するのか、その前に第四世代が来てしまうのではないかとか、無線LANとは競合するのか、共存するのかとかいった議論がよく出てくるし、コンサートの入場券や小売店での割引クーポンに使うための実証実験を行っているというような話も多数あった。

ちょうど、ＩＴ関連の製品とサービスの展示会が開催中だったので、土曜日に行ってみることにした。さすがに、今注目のハイテク産業で新しい製品がぞくぞくと出てくるだけあって、人だかりが多く、すごい熱気で、そこらじゅうでスピーカーと音楽が大きな音を立てていた。人だかりの一段と激しいところへ行ってみると、イベント・コンパニオンとお客さんの一人が携帯電話同士で対戦ゲームをしていた。携帯電話は大画面のディスプレーにつながれ、動きの速い格闘技が見えていて、観客はみんな楽しそうに見つめている。僕はつい、我を忘れて次の対戦を待つお客さんの列に並んで、攻略法を考え始めていた。ふむふむ、相手の頭を狙うと得点が高いんだな。でもそうすると脇があいて胴を狙われて低いながらも相手の得点を許してしまいがちになる。……考えているうちに僕の順番が来て携帯電話を持たされた。よし、と思ったが、しまった！　こんなことしている時間はなかった。「裕太、こんなことしてる場合じゃないぞ、怜子さんの宿題はあと一日で仕上げなければならないんだぞ、しっかりしろ！」と自分に言い聞かせて無理やりその場を離れた。でも、第三世代になると携帯電話で遠く離れた人と、かなり動きの激しいゲームができるようになるということがわかった。また、そのためには携帯電話にＪＡＶＡという、あらゆるＯＳ[1]の上で作動するソフトを組み込む必要があるということもわかった。

他の面白そうなブースを探して歩いていると、飲物の自動販売機が目に入り、のどが渇いていたので半ば無意識に近づいて行った。そうすると、そのそばにいた説明員に携帯電話を手渡された。

「どうぞ試してください。自動販売機の中のほしい飲み物のボタンを押したら、この携帯電話の『マネー』ボタンを押してください」

僕は言われるままにポカリ・スエットを選び、携帯の「マネー」ボタンを押すと、液晶画面に「ポカリ・スエット200mlですね。百二十円です。よろしければ『確認』を押してください」と出たので、『確認』キーを押した。すると、すぐにポカリ・スエットが出てきた。これはすごい！　と思って、「これはどうなっているんですか?」と聞いてみた。

「この携帯電話は電子財布にもなっていまして、中には電子的な形でおカネが入っています。それから、ここに赤外線の受発信装置がついていまして、自動販売機と情報交換をしているんです。自動販売機は商品のボタンを押した瞬間、その商品名と値段の情報を発信します、そこで携帯電話の『マネー』ボタンを押すと赤外線の受信を開始しまして、その情報を画面に表示します。そして『確認』を押すと、携帯電話の中に入っているおカネの中から百二十円を自動販売機に送るというわけです」

「なるほど、そうすると自動販売機でなくても、いろいろ、おカネを払いたいときに使えるようになるんですね」

「そうです。コンビニやスーパー、レストランでも、レジにこの赤外線装置をつければ、お支払いできるようになりますし、電車の駅の改札を通るようにすることも可能です。さらに、携帯でインターネット・ショッピングをするときもこの電子財布から支払いをすることができるようになります。この場合は、赤外線でなく、電波によるデータ通信を利用することになりますが」

「それは便利ですね。つまり携帯さえ持っていけばお財布を持たなくても買い物とかできるようになるってことですね。でも、携帯を落としたときが怖いくないですか?」

僕はいくらでも現金を使われて破産してしまうのではないかと思えて心配になった。

「いえ、それはお財布を落としたときと変わらないです。要するに、入っているおカネしか使えませんから、それ以上の被害はないですよ」

「じゃ、おカネはどうやって入れるんですか?」

「今のところ、銀行のATMに赤外線装置をつけて、そこでキャッシュカードを使って現金をおろすのと同じ要領で、携帯電話の電子財布に入れる方法を考えています。将来は、インターネット経由で銀行のコンピュータにつなげてどこにいても直接携帯電話におカネを下ろせるようにする予定です。その場合、携帯電話を落としたときにたくさんおカネを下ろされてしまう危険性が出てきますが、それは今キャッシュカードを落とした場合と同じ危険ですから、今より危ないということはないです」

なるほどなあ。要するに携帯電話にはメモリーICが入っているから、電子財布やキャッシュカード、ＪＲのＳｕｉｃａなどＩＣカードと同じことは何でもできるというか、液晶画面や入力キーがついている分、もっと複雑なことができるということだ。さらに、クレジットカードとかも理論的には可能なんだろうな。

そんなことを一人で呟きながら歩いていると、ノートパソコンのブースに来ていた。けっこうたくさんの人が集まっている。何か目新しいものがあるのかなと、入ってみたら、単なる電子メールのデモをやっていた。なんだ、今さらメールでもないだろうに何でこんなに人が集まっているんだろう、と思って聞いていると、「ブルー・トゥース」という言葉が頻繁に聞こえてきた。要するに、今までは外出先で携帯電話を使ってインターネットに接続するにはケーブルでパソコンと携帯電話をつないでから接続していたが、ブルー・トゥースを使うと何もしないで、携帯電話を胸ポケットや鞄に入れたまま接続できるということらしい。あたかも、パソコン内部に通信機能があるような使い方ができるということだ。つまり、ブルー・トゥースとは、パソコンと周辺機器をワイヤレスでつなぐシステムなのだ。でも、僕は外にいるときは、ＰＨＳのカードをパソコンに差してメールに使っているから不便は感じないなと思って質問してみた。

「これはＰＨＳカードと比べてどこがいいんですか？」

「第三世代の携帯電話を使いますと、格段に速くなります。ＰＨＳで重いファイルを送るとき、時間がかかってしまうことはありませんか？　ＰＨＳは百二十八キロビットですが、第三世代になりますと三百八十キロビットとなるので、三倍のスピードになります。近い将来にはさらに二・四メガ（二千四百キロ）ビットになり、スピードは二十倍近くなります」

そういえばそうだった。重いファイルを送るときは会社に帰ってから送るようにしているので、あまり気にならないけど、メールを受けるときに重いファイルが添付されているのがあると三十分くらいかかってしまうこともある。

「そうですね。重いファイルが添付されているメールを受信しているときに、別の重要なメールが届いたりすると、すごくいらいらしますから、それが三分の一の時間で済むとなるとだいぶ楽になりますね。ましてや二十分の一になったら完全にストレスを感じなくなりますよ。それと、やっぱりインターネットでブラウザを使うときは速いほうがいいですし」

急にブルー・トゥースの良さがわかったような気がした。

他にもいろいろブースを回ってみてわかったことだが、結局、情報機器に限らず、デジタルな電子機器はなんでも小型化して携帯電話に載せるというアイデアがブームのようだ。たとえば、電子体温計をアンテナに埋め込むというアイデアもあった。そうすれば、自分の体温を病院に送って記録して健康状態を把握してもらうということが可能になるということらしい。それから、駅のコインロッカーの鍵にするというアイデアもあった。そうすると他人に暗証番号を送って開けさせることができるので、物の受け渡しにコインロッカーが利用できるということだ。他にもアイデアは本当にたくさんあってキリがないほどだった。

〈第二世代と第三世代の違い〉

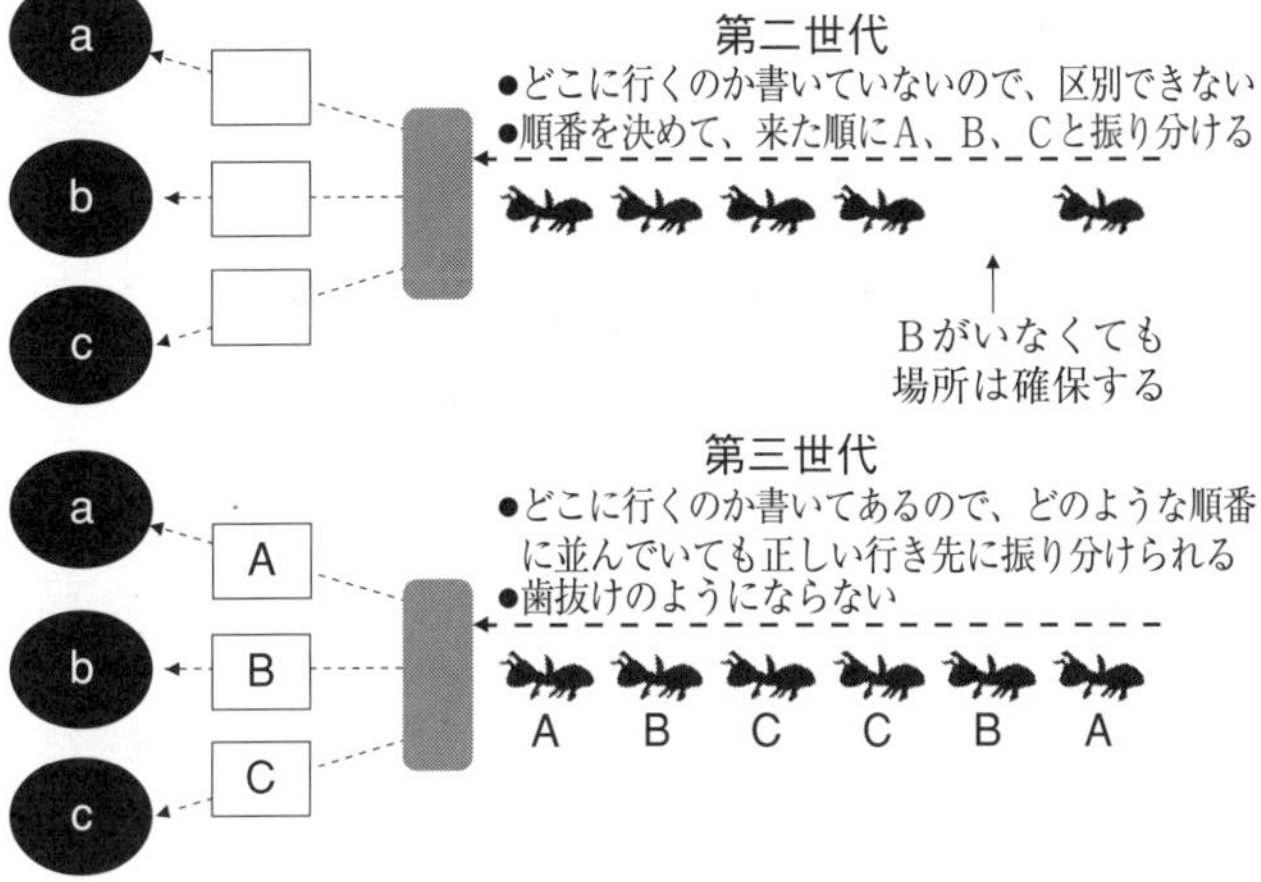
第二世代
●どこに行くのか書いていないので、区別できない
●順番を決めて、来た順にA、B、Cと振り分ける
Bがいなくても
場所は確保する
第三世代
●どこに行くのか書いてあるので、どのような順番に並んでいても正しい行き先に振り分けられる
●歯抜けのようにならない
a
b
c
A
B
C
A B C C B A

結局、三日かけて僕がわかったことは、今、携帯電話はもはや「電話」ではなく、ほとんど通信機能付のコンピュータとなってきていて、僕が子供のころに読んだSF小説のように、一つの機器で何でもできるようになってきているということだ。それと、今は第二世代から第三世代への過度期に来ているということ。どちらもデジタル方式なのだが、スピードがかなり違うようだ。第二世代は電波を時間で区切って複数のチャネルを確保する方式なのに対し、第三世代は電波を細かく区切ってそれぞれに行き先などの情報を入れることによって複数のチャネルがあるようにする方式だ。

たとえば、アリの列を考えてみればわかりやすい。アリが一列に並んで歩いて巣に帰っているとする。帰る穴はa、b、cと三つあって、それぞれに向かっているアリをA、B、Cとすると、第二世代はA－B－C－A－B－C－……と必ず同じ順を繰り返す並び方だ。そうすると、たとえば、ｂに向かうアリBがちょうどいなくても時間が来るとBのために場所を空けなければならない。いわば、A－　－Cとなる。CはAの次に並ぶ準備ができていても待たなければならない。だから、効率が悪くなる。実際の電話による通話では、しゃべっていないときでも順番が来たら信号を割り当てなければならないということだ。

　これに対し、第三世代は、たとえばA－A－C－B－B－C－A－……のように並び方はランダムでよく、来た順番に並んでよい。あるところに分岐点があって、A－A－A－……、B－B－B－……のように振り分けられるのだ。それぞれのアリに「A」とか「B」という名札がついているからこれができる。並ぶ準備ができていれば待たされることなく進んでいいので、効率がよくなり、結局、スピードが速くなるということだ。

（四）第二世代と第三世代の違い

僕に与えられた一週間はあっという間に過ぎ、もう中原さんたちに説明をするミーティングの日がやってきた。我ながら短い間にものすごい量のことを学んで吸収したと思うのだが、しかし、これを中原さんと怜子さんにどう伝えたらいいのかわからない。これらの知識がいったい何を意味するのか、どう使えるのかわからないのだ。残念だけど、とりあえず、わかったことを順不同で説明していくことにしよう。中原さんは「講義できるようにしてくれ」としか言ってなかったことだし。会議室のそばに行くと、廊下と会議室の間の壁はガラスでできていて、会議室の窓も大きいので廊下からでも外がよく見える。朝は曇っていたのに、いつのまにか晴れ上がって会議室に光が降り注いでいた。これは縁起がいい兆候かもしれないぞ、と気を取り直して入っていった。

全員そろったところで怜子さんが切り出した。

「それじゃ、裕太君、わかったことを私たちに教えて」

「はい、まず、技術的なことからですが、通信方式からいきたいと思います。第一世代というのは一昔前のアナログ方式でもう存在しません。ある周波数の電波をひとつの通話で独占するので効率が悪いですし、ノイズもすごいです」

「ああ、わかるよ。昔は雑音がひどかったのを覚えてるよ」

中原さんが一呼吸おいて相槌を打ってくれた。

「次に、第二世代ですが、これが今の主流でして、いわゆるデジタル方式で、この前、奥山さんの話していたPDCとかGSMなど、国によって通信方式がいくつかに分かれます。PDCが日本独自のもので、GSMが最も多くの国で使われる国際標準みたいになっています。ただ、アメリカはいろいろな方式が乱立している状況です」

「で、第三世代はどういうの?」

怜子さんに促され、僕は、

「第二世代は時分割多重接続、略してTDMA、第三世代は符号分割多重接続、略してCDMAといいまして……」

と専門的な定義を聞かせた後、アリの列を例にとって説明した。

「つまり、第二世代と第三世代の違いは通信速度ということね」

僕の説明が回りくどかったらしく、怜子さんは途中で遮って、結局利用する上でどんな違いがあるのか、端的な説明を求めてきた。

「まあ、そういうことになりますね」

「じゃ、どのくらい違うの? キロビットじゃなくて具体的なもので。たとえば、動画でいうと?」

「第三世代でしたらテレビやビデオと同じ滑らかさでテレビ電話ができますが、第二世代ですとその三十五分の一くらいの速度なので、分解写真よりもっと遅く、一秒に一コマくらいしか動きません」

僕は頭の中で、展示会で見たゲームを思い出しながら言った。

「なるほど、よくわかったわ。それじゃ、第四世代は?」

「これはまだ規格や方式などは決まっていなくて、ただ、スピードが光通信並みとか、あるいはその数倍とも言われてます。そうすると、今の第三世代の三百倍のスピードなので、テレビ電話はもちろんできますし、二時間の映画でも七分でダウンロードできるようになります」

「やっぱりスピードの違いということね。そうだとすると、第三世代の魅力って何?」

怜子さんに基本的なことを聞かれて僕は言葉に詰まってしまった。

「つまり、スピードが速いですから……」

あれっ、なかなか出てこない。対戦ゲームができるとか言ってもしょうがないし。言いよどんでいると、怜子さんが待てなくなって先へ進んだ。

「第三世代でないとできないことはあまりなさそうね。第三世代用に考えられていることは大体が第二世代でもできるんだけど、遅いから、スピードを要求されることでは第三世代のメリットが出てくるということね。それで、いつごろ第三世代が普及するの?」

「それは議論のあるところなんだよ」

中原さんが口を挟んだ。

「ヨーロッパでは各国政府が第三世代への参入の権利を入札で売ったために、その値段が数千億円にまでつり上がってしまったんだ。事業を開始するためには、その大きな投資をした上に、地上局などに一兆円程度の設備投資をしなければならないので、落札した通信業者が慎重になってしまっているんだ」

「そうなんです。で、日本がもっとも第三世代への設備投資が進んでいるんですが、加入者はまだ少なくて、やはり投資回収のめどは立っていないようです」

中原さんが援護してくれるので、僕は勇気づけられて楽に話せるようになった。投資回収という角度から考えるとなかなか大変そうだ。

「結局、膨大な投資を回収するような収入を得ないといけないから、消費者にとって第三世代に乗り換え、かつ、わりと多くの通信費を払うような魅力のある用途が出てこないと、第三世代は本格普及しないということになります」

やっとまともに答えられた。

「で、第二世代と第三世代の違いはスピードだから、速くなるとうーんと魅力が増すような用途が出てこないといけないということになりますね」

怜子さんはぐいぐいとポイントを突いてくる。

「ところが、まだテレビ電話くらいしかでてきてないから普及が遅れているということか。

逆に言えば、テレビ電話には消費者はあまり魅力を感じていないので、第三世代の普及のためには他のスピードを要するアプリケーションが必要ということになるね」

今度は中原さんが鋭い分析をした。僕は二人の会話についていくのがやっとだ。

「裕太、何かそんな用途はあったか？　サッカーのキラー・パスをもじってキラー・アプリケーションとか言われているそうだけど」

うわっ、また急に玉が飛んできた。

「動きの早い対戦ゲームがありました。遠く離れた相手と携帯電話を使って格闘技なんかができるんです」

他に何も思いつかないのでとりあえず答えた。

「裕太君、それは確かにあなたみたいな一部のゲームマニアには魅力的でしょうねえ。楽しかった？　でもまだ本格普及のためには力不足かな。他には何かある？」

怜子さんに、僕が展示会で夢中になりそうになったことを見抜かれているみたいで驚いた。お手柔らかにお願いしますよー、と心の中で叫びつつ、僕は記憶をたどった。

「電子財布として使えるとか、その延長上でクレジットカード、マネーカード、ＪＲのＳｕｉｃａのように定期券として使うとか、それから、コインロッカーの鍵として使うとか、要するにＩＣカードでできることがすべて入ってきます。それから体温計、ＧＰＳ……」

「ちょっと待って、それは全部スピードがなくてもできるんじゃない？　ＩＣカードは元々通信機能はないんだし、体温計やGPSもそうでしょ。さらにそういうものの扱う情報量なんて知れているから、他のどこかに送るとしても第二世代で十分速く送れるじゃない」

また間違えてしまった。

「そうでした。これらは今注目されている機能で、展示会では第三世代と掛け合せて紹介されていたんですけど、そういえば、全部第二世代で十分ですよね」

「わかった。つまり、今注目を浴びている魅力のありそうな用途のほとんどは第二世代で実現可能ということね」

そういうことか。怜子さんはあっという間に通信方式の世代交代の問題と、続々と出てくる携帯電話搭載機能のアイデアとの関係を整理してしまった。つまり、今、第二世代から第三世代への過度期にあるものの、第三世代への移行が本格化するためには非常に速い通信速度を有効利用するキラー・アプリが必要となるが、その一方、現在考えられている携帯電話に搭載する機能の数々のアイデアはどれもそのキラー・アプリにはなれなさそうだ、ということだ。

（五）マーケットシェアを増大する方法

ミーティングはまだ続いている。僕の発表は終わったが、ほっとしただけで、なんだかあまり役に立った気がしない。このことがポルタモンド社のマーケットシェア増大に役に立つのだろうか。そこで、ちょっと聞いてみることにした。

「ちょっと基本的なことを聞いていいですか？」

「なんだい？」

中原さんも怜子さんも、新米のくだらないかもしれない質問に対して、丁寧に聞いて答えようという態度を示してくれるのが嬉しい。

「マーケットシェアを増大する方法って、あまりピンと来ないんですけど、どんなことを考えればいいのですか？」

「それはとてもいい質問だ。裕太自身はどう思うんだい？」

中原さんは相手をリラックスさせて、しっかり考えさせようとしている。

「差別化ですかね。優位性を獲得すればいいわけですから……」

僕は何も考えていなかったので、苦しまぎれに考えながら言った。

「そうだね。優位性を獲得すれば、マーケットシェアは上がっていくはずだし、逆にシェアが上がらなかったら優位性を獲得していないことの証にもなると言っていいだろう。で、優位性とは差別化だけかい？」

苦し紛れの答えにしてはうまくいったみたいだ。

「そうか。コストが圧倒的に低いこと、コスト優位もありました。その場合は価格を下げてシェアをとるということですか？」

「典型的にはそうだが、必ずしも価格を下げなくてもいいんだ。たとえば、製造コストが他社より非常に低い場合は、販促や宣伝広告を他社より多くつぎ込んでシェアを上げることもできるだろう」

「中原さん、私も以前から疑問に思っているのですが、優位性とマーケットシェアは連動するものなんですか？　そうだとすれば、このポルタモンド社のケースも、単純に優位性を獲得するという典型的な事業戦略構築のケースになると思いますが」

今度は怜子さんが質問した。怜子さんでもわからないことがあるのかと少し驚いた。でも、それだけ難しい話なんだろう。

「なかなか深い質問だね。はっきりそういっている人もいるけど、私はちょっと違うと思っているんだ。というのはね、優位性を獲得してなくてもマーケットシェアを増大することはできるからなんだ」

「そんなことできるんですか？」

僕は思わず大きな声で聞いてしまった。

「そう興奮するな。別に魔法を使うというわけじゃないんだから。たとえば、規模型事業を考えてみようか。これはどんな事業だい？」

「規模が効く、つまり固定費が大きいので生産規模が大きくなると急激に単位コストが下がっていく。たくさん売るほど利益率が上がる、けれども差別化は難しいという事業です」

「よくできた。そうすると、もし君が規模型事業をやっている下位企業の経営者に就任したらどんな戦略が考えられる？」

中原さんはなおも質問してくる。けっこうきつくなってきた。

「上位企業よりコストは高いし、差別化もできないんじゃ、お手上げじゃないんですか？」

「いや、一か八か、野心的にリスクをとるとしたら、ということで考えてみたらどうだね」

「ある程度、資金的に余裕があれば、コスト割れになっても上位企業よりも価格を安くしてマーケットシェアをとりにいくでしょうね」

僕が答えに詰まっていたら、怜子さんが見かねて助け舟を出してくれた。

「そう。他社よりコストが低いわけではなく、他に優位性がなくても、値段を下げればマーケットシェアが上がるということもあり得るんだ」

なんだ、そういうことか。

「それはマーケットシェアが上がればコストが下がり、優位性を獲得できるから意味があることなんですね」

僕が肩透かしを食っているような気がしているのとは対照的に、怜子さんは関心を示していた。

「つまり、マーケットシェアが優位性の源泉となっていて戦略の目的となるということなんだ。このための手段は価格を下げることばかりではない。他にも広告宣伝を増やすとか、販促としておまけをつけるとかキャンペーンをやるとか、営業の人数を増やすという手も考えられる。とにかく、戦略として優位性がなくても、何はともあれ利益度外視でマーケットシェアを取ってしまおうとすることもあるということだ」

中原さんもその重要性を説明し、なおも続けた。

「将来の優位性獲得による見返りが計算できるなら、リスクをとって投資として値引きなり広告宣伝なりに賭けてみるということだ。これは、優位性を獲得したらマーケットシェアも自然に上がるということとは因果関係が逆だろう？」

「なるほど。例としてあげるなら、かつての半導体メーカーがありますね。赤字覚悟でまず売れる価格を設定して大量生産、大量販売してコストを下げて、結果的には大きなコスト優位を築き上げたということでしたね。これは最初からコスト優位性を持っていたわけではないけど、経営者には勝算があったようですね」

怜子さんは理解が速い。

「それから販促費にカネをかけた例としてはヤフーBBがあるね。ご存知ADSLの接続サービスプロバイダー事業だが、同じヤフーBB契約者同士ならIP電話がただということで、マーケットシェアが新規顧客を呼ぶという優位性の要素となっているんだ。だから、三百万人という加入者を目標として、モデムを駅などで手渡しする販促キャンペーンを続けてトップシェアを取りに行ったんだね。初年度、大赤字となったけど計算どおりだったようだ」

中原さんも例を出してきた。

「なるほど、よくわかりました。では、今回のポルタモンド社の依頼であるマーケットシェアを増大させたいというのは優位性を獲得したいというのか、とりあえずマーケットシェアを大きくしておきたいというのとどちらに解釈すればよいのでしょうか」

怜子さんはまだ考えあぐねている表情だ。

「ちょっと、優位性なしにマーケットシェアを上げる方法に深入りしすぎてしまったけど、裕太の質問に戻すと、マーケットシェアを上げるにはやはり優位性を獲得することが基本となる。だから日本における事業戦略構築といってよい。ということは、マーケットシェア自体が優位性の源泉であることがわかって、先行投資をしてもリスクの少ないシェア獲得の方法があるならその方向に行ってもよいということだ」

そうだ、すっかり優位性なしでマーケットシェアを上げる方法に夢中になっていた。

「わかりました。私が優位性とマーケットシェアの関係がわからなくなっていたので、助かりました」

怜子さんはすっかり納得顔だ。

「ところで、裕太。さっきは『差別化』と言っていたが、差別化にはどんなものがある？」

またこっちに振ってきた。僕のためとはいえ、今日は厳しいなあ。

「製品の機能とか性能を他社より良くする……」

「そうだな。製品の差別化。それから？」

僕は言葉につまってしまった。

「メーカーだからといって製品だけに目を向けることはないんだ。バリューチェーンを考えてみればわかるだろ」

中原さんに言われて、僕はようやく気がついた。

「そうですね。販売とマーケティング、サービス、それから企業イメージなんかでも差別化できるということですね」

僕が言うと、怜子さんは待ち兼ねたように言葉を継いだ。

「そうそう。どんな店で売るとか、ターゲットセグメントを絞り込むとか、宣伝広告の内容、媒体、販促方法、アフターサービスの充実、問い合わせのためのコールセンターの充実とか。いろいろあるでしょ」

怜子さんには初歩的すぎて簡単に説明できるようだ。さらに中原さんが続けた。

「たとえば、携帯電話業界の例としてJ－フォンがある。J－フォンは、ボーダフォンに買収されて今は名前もボーダフォンになっているが、もともとは東京デジタルホンといって、携帯電話キャリアの後発参入組だったんだ。当時、ドコモとIDO、セルラー・グループのアナログ勢だけだったところにツーカーとともにデジタルで参入したんだ。ところがアナログ勢も皆デジタルを始めて製品差別性がなくなったし、名前が地味だったこともあって、優位性はなく、しばらくはシェア五パーセントくらいで低迷したんだな。新規参入だからということで料金は最も低い水準に抑えたけどだめだったんだ。そこで、ある時、戦略転換してターゲットを若者に絞り込んでイメージによる差別化を目指したんだ。ブランド名をJ－フォンとして、広告宣伝に藤原紀香を起用し、ブランド・イメージへの大投資を行なった。他に、つながりやすいとか音がきれいという宣伝キャンペーンも行ったのだが、とにかく、藤原紀香の人気上昇とも重なって、イメージが飛躍的に良くなり、マーケットシェアがぐんぐん上がったというわけだ」

本当に中原さんは次々といろんな例を話してくれるのでよくわかる。

「よくわかりました。日本法人では販売やマーケティングが主な活動だから、製品よりも売り方とかブランドのほうが重要なのかもしれないですね」

僕も感激して言った。

「それじゃ、今度は私の調べてきたことに移りましょうか」

〈差別化の方向〉

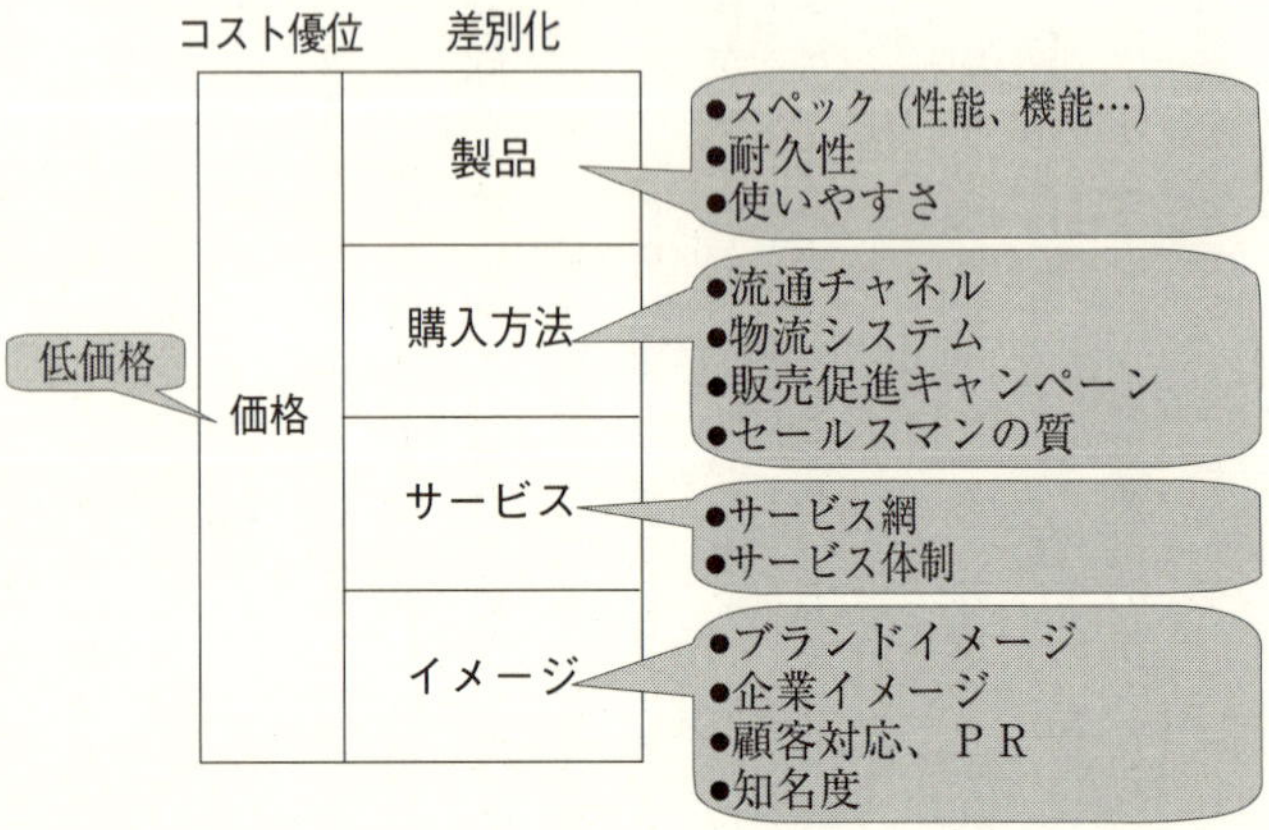

怜子さんは一呼吸置いてから言った。

「怜子さんも何かリサーチしてたんですか？」

「何言ってんの。私が人に膨大な仕事を押し付けといて、自分はゆっくりしているわけないじゃないの。私はね、マーケティングや販売で差別化できるかを分析するために携帯電話機の流通面を中心に調べてみたの」

さすが怜子さん、傲慢なところがまったくないのに感心させられる。

「で、どういうことがわかったんだい？」

中原さんは興味深そうに聞きたがっている。

「ヨーロッパとか、その他日本以外の国では携帯電話の通信キャリア[2]と電話機メーカーとの関係がかなり対等になっていまして、電話機メーカーの独立性が高いんです。ところが、日本は特殊で、通信キャリアが電話機を自社ブランドで売っていますよね。つまり、電話機メーカーから電話機を買い取って通信キャリアが販売をしているんです。電話機にメーカーのブランドはつかないで、通信キャリアの型番が入るだけですし、宣伝広告も通信キャリアの名前だけが出てきてメーカーの名前はあまり出てきませんよね。つまり販売マーケティング面では電話機メーカーのやれることは非常に限られているんです。わずかに自分の機種の宣伝広告はできますが、それも会社名は前面に出さないことになっている場合が多いようです」

「確かに、電話機のメーカーがどこかということは、ほとんどのユーザーは知らないだろうな」

中原さんが相槌を打った。怜子さんはなお、続けた。

「一方、日本以外の国ではメーカーは自分で販売できるので流通チャネルも自分で選べるんです。もちろん、自社名、自社ブランドで製品を出しますし、広告宣伝も自由です」

「そうか、それなら売り方でシェアを取る方法はいろいろ出てくるだろうな。価格も自分で決められるだろうし、値引きとかキャンペーンなどの販促活動も自由にできるし、ブランド管理もできるからブランド・イメージの向上もできるな」

中原さんは身を乗り出して聞いている。怜子さんの情報はかなり役に立っているようだ。

「そうなんです。だから、ヨーロッパのマーケティング戦略をそのまま日本で展開することはできないので、日本ではかなりのハンデを負っていることになりますね」

「つまり、日本でマーケットシェアがとれないことの大きな要因になっているということだな。奥山さんの言っていた、日本市場向けの製品開発ができないことと、ユーザーにとって違うメーカーに乗り換える心理的なバリアーが大きいこと以上に深刻な問題かもしれないな」

中原さんがこう言ったところで僕は、はっと気がついて聞いてみた。

「やっぱり奥山さんは技術出身なんですか？　製品による差別化ばかり考えていてマーケティングによる差別化が難しいという話が出なかったですよね」

「そうだ。もともとは電電公社で移動体通信の研究をやっていたそうだ。その後、独立して通信機器の商社を立ち上げたんだが、ポルタモンド社の製品を扱っていたら、買収されてそのまま日本法人の社長となったそうだ」

中原さんはいつのまにか奥山さんの経歴を調べていた。

「まあ、それは置いといて。結局、日本では電話メーカーとしてマーケットシェアを取るには製品の差別化を目指さないといけないわけです」

僕が脱線させた話を怜子さんが引き戻した。

「わかった。今度の奥山さんとのミーティングではその方向に話を持っていこう。ところで、それに関連してなんだが、私からも情報収集の結果わかったことがあるんだ」

僕は驚いて声をあげそうになった。中原さんも情報収集することがあるのか。

「僕が調べた以外のことですか？」

「いや、知っているだろうけど、第三世代のことでも技術以外のことだから話題にならなかったのかもしれないね」

　僕はほっと息をついて聞き続けた。

「第三世代、略して3G《スリージー》と言うが、世界の通信会社が今度こそ方式を統一しようとして話し合った結果、何とか統一できて、一つの携帯電話を世界中で使えるようになったんだ。ただし厳密に言うと、日本のドコモ中心のW－CDMAとアメリカのクアルコム社のcdma2000とに分かれているし、それぞれも方言みたいないろいろな規格に分かれているんだが、一応、全世界向けの電話機の開発が可能になったんだ。だから、3Gが本格化すれば、製品開発も全世界向けにすることが可能になって、日本市場向けだけのための開発ということはなくなるということらしいんだ」

「そうですか。そうなると本社も日本向けの製品開発を本気でやってくれることになって製品の差別化がやりやすくなるということですね。全世界に売れるわけだから開発費もたっぷりかけてもらうことができるし」

　怜子さんは十分に情報を得て大分、見通しがよくなったという顔をしている。よかった、何とか責任が果たせたようだ。と、ほっとしていたらまた中原さんに宿題を出されてしまった。

「それじゃ、今日はこんなところかな？　裕太、今日わかったことを整理しておいてくれ。いろいろと出てきたけど、お互いの関連性を明確にしておくんだ。明後日、奥山さんのところに行くまでにな」

（六） 何がわかったのか

ミーティングは無事に終わったものの、大変な作業が残ってしまった。窓の外は晴れ上がっているが、僕の頭の中は曇り空のままで、何が何だかわからないままなのだ。たくさんの情報がお互いに関連し合っているようで、錯綜としていて頭の中は混乱するばかりだった。

とりあえず、メモを見ながら、わかったことを順番に書き留めてみた。

① 現在、第二世代から第三世代への過度期にある

② 第三世代へ本格的に移行する時期は大きな情報量をやり取りするキラー・アプリケーションが現れるかにかかっている

③ 新しい機能を携帯電話に搭載しようというアイデアが非常に多く出ている

④ 新機能のアイデアのほとんどは第二世代でも可能なものである

⑤ 日本では通信キャリアが携帯電話機を販売するので、メーカーとして差別化するにはマーケティング活動では難しく、製品周りが中心となる

⑥ 第三世代に本格的に移行したら、全世界向け製品開発が可能となる

ここから何が言えるのだろうか。ただ羅列するだけではよくわからないので、一つひとつを短く簡略化して付箋紙に書いて机の上に貼ってみた。どう並べたら話がつながるんだろう。じっ

と見ていたが、どうも単純に「AだからB」というような関係が出てこない。「そして」とか「しかし」ならつながるんだが。と考えていたら、中原さんが、「裕太、ずいぶん真剣に考えているようだな」と声をかけてきた。帰りがけに様子を見に来たようだ。

「今日のミーティングでわかったことを一つのロジックでつないでみようとしているんですが、どうもうまくいかないんです」

「それで付箋紙に書き込んで並べ替えたりしているわけか」

中原さんは僕の並べた付箋紙を眺めながら頭の中ですばやく整理しているようだ。

「でも『AだからB』というような関係がないんです。三段論法でまとめてみようと思ったんですが、どれも因果関係はないようです。でも、関連性はありますよね」

「そりゃ、普通、事実を並べただけなら因果関係はないよ。そうじゃなくて、事実の羅列から仮説を導かなければならないんだ。つまりね、一つの事実Aに対して、『AならばB』の結論Bを推論してやるんだ。あるいは、『AかつBならばC』のCを推論するんだ。たとえば、この『新しい機能を携帯電話に搭載しようというアイデアが非常に多く出ている』からは、どんな推論ができる？」

中原さんはそのことを書いた付箋紙を手にとって言った。

「『携帯電話は今後ますます便利になる』とかですか？」

「そうだな。ただし、『多くのユーザーに支持される新機能』という条件付だけどな。他にはどんな推論ができる?」

「『携帯電話機の種類が増えて選ぶのが大変になる』はどうですか?」

「そうだな。さっきの推論とは大分違うだろう?」

「ある人にとっては便利になるし、ある人にとっては面倒になるということですね」

「つまり、いろいろな推論ができてどれが正解ということはないんだ。そこが難しいんだが、ここでは、ポルタモンド社にとって、戦略的に意味のあることを出すべきなんだ。さっき、君の言った二つはどっちもユーザーの立場に立った見方だろう? そうじゃなくて、電話機メーカーの立場から見るとどんなことが言える? どっちがより重要かな?」

「えーと、『携帯電話は今後ますます便利になる』は……。そうか、『今後、製品の差別化要素が増える』ということですか」

「よくできたな。で、もう一つは携帯電話機メーカーにとって戦略的に意味のあることではないな。せいぜい『わかりやすいカタログや販売員の説明がマーケティング上重要になる』ということくらいだろう」

「そうですね」

「じゃ、次に進もうか。これと関連しそうなものとして、『新機能のアイデアのほとんどは第二世代でも可能なものである』があるだろう。ここからはどんなことが言える?」

「『今、製品の差別化が可能』ですか」

〈裕太のまとめと仮説〉

日本市場において

① 現在、第二世代から第三世代への過度期にある

という背景の下

⑤ メーカーによっては製品による差別化が優位性獲得の手段の中心となる

かつ

⑥ 第三世代に本格的に移行したら、全世界向け製品開発が可能

したがって

第三世代になると世界シェアの高いメーカーが優位性を獲得しやすい

しかし

③ 新しい機能を携帯電話に搭載しようというアイデアが非常に多く出ている

かつ

④ 新機能のアイデアのほとんどは第二世代でも可能なものである

したがって

製品差別化の大きなチャンスは目前に来ている

ところで

② 第三世代へ本格的に移行する時期は大きな情報量をやり取りするキラー・アプリケーションが現れるかにかかっている

したがって

ポルタモンド社としては有力なキラー・アプリケーション候補が現れるまで待つべきだ

「そう。ただし、『今』が入るためには、『現在、第二世代から第三世代への過度期にある』も必要だな。これとさっきの推論を組み合わせるとどうなる?」

だんだん難しくなってきたぞ。

「『今後、実現可能な製品の差別化要素が増えつつある』というのはどうですか?」

「そうだな。もう少しメーカーにとっての戦略的な意味を追求すると、『製品差別化の大きなチャンスは目前にきている』となるんじゃないかな」

「なるほど、よくわかりました。そのやり方でほかも考えてみます」

「今のは三つの事実から一つの推論を出した形になったが、こんなふうにうまく事実を組み合わせて仮説を作ってくれ。別に決まった形の正解はないが、最終的にはポルタモンド社にとって戦略的に意味のある仮説を出してくれればいいんだ」

「はい、わかりました」

中原さんが帰った後、行きつ戻りつしながら、だいぶ時間がかかったが、何とか仕上げて、中原さんと怜子さんに図解をメールで送った。もう十二時を過ぎている。そろそろ帰ろう。


翌朝、出社してみると、もう怜子さんからメールの返事がきていた。

To：藤原裕太<y.fujiwara@sdi.tky.com>
From：三枝怜子<r.saegusa@sdi.tky.com>
cc：中原幸作 k.nakahara@sid.tky.com
添付ファイル：Ｐ社戦略仮説１修正版

よくできました。また事実の羅列かと思っていましたが、ちゃんと仮説までできていて、確実に進歩してますね。

ただし、最後のほうは飛躍が激しいです。

まず、「第三世代になると世界シェアの高いメーカーが優位性を獲得しやすい」と「製品差別化の大きなチャンスは目前に来ている」はそれぞれ正しいのですが、この二つは「しかし」の関係にはならないでしょう。単純化すると、「今、差別化のチャンスが来ている」、そして「将来はもっと大きな差別化のチャンスが来る」となり、両立するのです。一番下の仮説として「ポルタモンド社としては有力なキラー・アプリケーション候補が現れるまで待つべきだ」としているのは、これらが両立しないとして、「第三世代になると世界シェアの高いメーカーが優位性を獲得しやすい」の方を選んだことになりますが、そこが間違っています。

結局、ポルタモンド社の戦略仮説として、

⑴ 今すぐに日本市場用に製品開発に積極投資する
⑵ 将来、（いつになるかわからないが）第三世代用のキラー・アプリケーションと考えられるものが出てきたら、製品開発に積極投資する

の二つの投資案件があるが、両方実行することもできるし、⑵だけにしておくこともできる。つまり、今、⑴を実行するかしないかという選択肢があるということです。実行することのメリットは、製品差別化という優位性を獲得する可能性があること、デメリットは日本市場用に開発しなければならないので、マーケットシェアを取れなかったときの損失が大きいというリスクがあることです。一方、実行しないことのメリットは、このリスクを回避できること、デメリットは、キラー・アプリケーションがでるころには新機能が出尽くして勝負がつき、差別化が難しくなって手遅れになることです。

どちらを選ぶかはまだ情報不足で判断できませんが、今投資した場合にどのくらい差別化に成功しそうかをできるだけ正確に予想できるようにしていくことにしましょう。具体的には差別化の方向性を探ることになるでしょう。

〈怜子さんの修正後の仮説〉

日本市場において

① 現在、第二世代から第三世代への過度期にある

という背景の下

⑤ メーカーにとっては製品による差別化が優位性獲得の手段の中心となる

かつ

⑥ 第三世代に本格的に移行したら、全世界向け製品開発が可能

かつ

② 第三世代へ本格的に移行する時期は大きな情報量をやり取りするキラー・アプリケーションが現れるかにかかっている

したがって

キラー・アプリケーションが現れると世界シェアの高いメーカーが優位性を獲得しやすい

③ 新しい機能を携帯電話に搭載しようというアイデアが非常に多く出ている

かつ

④ 新機能のアイデアのほとんどは第二世代でも可能なものである

したがって

製品差別化の大きなチャンスは目前に来ている

⑦ 第二世代では日本市場向けの開発しかできない

したがって

ただし、日本市場における上位メーカーが有利

ポルタモンド社としては

(1) 今、製品開発に投資すれば製品差別化による優位性獲得が可能であるが、国内上位メーカーに対して不利な立場にある。

(2) キラー・アプリケーションが現れると優位性を獲得しやすくなるが、それまでに差別化要素がなくなっていると手遅れになる

⇨ 今、積極的に製品開発に投資するべきか否かが重要な戦略的選択肢

やっぱり僕とはレベルが違うなあ。昨日の夜十二時過ぎにメールを出したのに、今朝八時にもう修正の入った返事がきている。あんなに長い時間、集中して考えたのに、怜子さんはこんなに完成度の高いものをこともなく、まとめられてしまうんだな。いつになったら追いつけることやら、と、一人前になるまでが途方もなく遠い道のりに思えてきて、何だか溜息が出てきた。

そんなことを考えていたら、怜子さんがやってきた。

「裕太君、メールで言うのを忘れていたんだけど、新しい機能のリストを作っておいて。明日、奥山さんとのミーティングまでに頭に入れておきたいから。製品の差別化のしかたについて話し合うときにイメージが湧くでしょ」

「わかりました。第二世代でも十分できるものと第三世代の方が望ましいものとに分けましょうか」

「よくわかっているじゃない。でも第三世代のほうが望ましいことは少ないでしょうから、それがわかるようになっていればいいわよ」

ということで、早速、新機能のリストを作ってみた。だけど、作っていくうちに、『何ができるか』ということと、『そのためにハード上、何が必要か』ということを分けるべきことがわかってきた。そうすれば、ハード・メーカーとして携帯電話機にどんな部品や技術を盛り込めばいいのかわかるからだ。ソフトは後から組み込めるので、ハード面でどんなものが必要か

〈新しい用途と機能のリスト〉

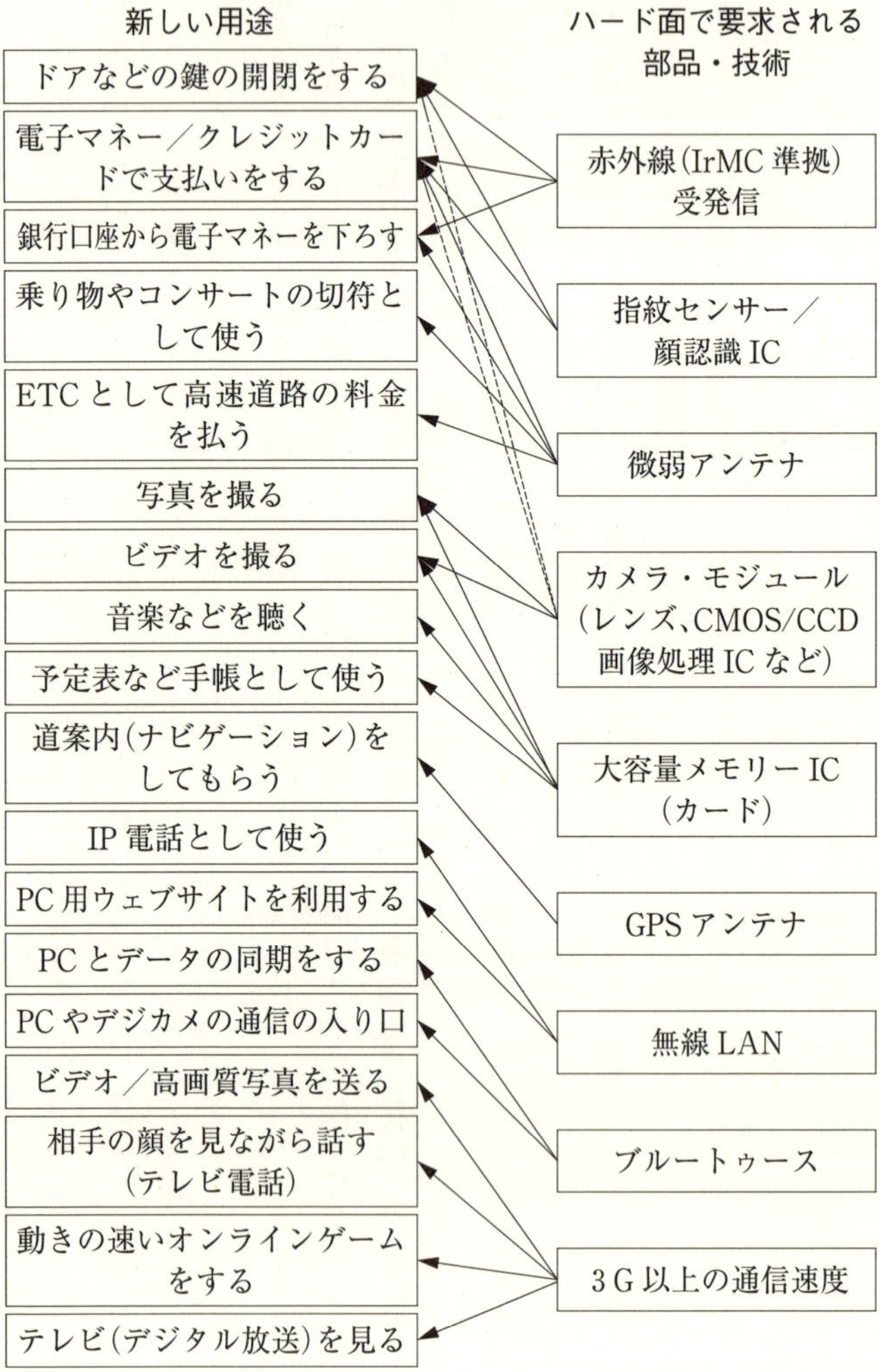
新しい用途
ドアなどの鍵の開閉をする
電子マネー／クレジットカードで支払いをする
銀行口座から電子マネーを下ろす
乗り物やコンサートの切符として使う
ETCとして高速道路の料金を払う
写真を撮る
ビデオを撮る
音楽などを聴く
予定表など手帳として使う
道案内(ナビゲーション)をしてもらう
IP電話として使う
PC用ウェブサイトを利用する
PCとデータの同期をする
PCやデジカメの通信の入り口
ビデオ／高画質写真を送る
相手の顔を見ながら話す(テレビ電話)
動きの速いオンラインゲームをする
テレビ(デジタル放送)を見る
ハード面で要求される部品・技術
赤外線(IrMC準拠)受発信
指紋センサー／顔認識IC
微弱アンテナ
カメラ・モジュール(レンズ、CMOS/CCD画像処理ICなど)
大容量メモリーIC(カード)
GPSアンテナ
無線LAN
ブルートゥース
3G以上の通信速度

を書くことにした。ほとんどの用途はメモリーＩＣが必要だが、大体は今の大きさの容量で足りるので、敢えて書かなかった。たとえば、クレジットカードなら数キロバイトで足りるので、技術的には今すぐにできることだ。

こうしてみると、やはり第三世代でないとできないことは、あまりなさそうなことがわかる。それから、新しい用途というか、アプリケーションはたくさんアイデアが出ているが、それを実現するためのハード的な機能はそれほど多くはないことがわかった。そして、どれもが今ある技術で既に別の機器で使われていることにも気が付いた。ただ、携帯電話に入れるには小さくする必要があるということだ。要するに新しいアイデアと言っても、情報通信で使われていることをすべて一つの機器にまとめれば便利で、それをやるなら、いつも持ち歩いている携帯電話にまとめることが最も現実的かつ便利ということなのだろう。たとえば、ハンカチやティシューは別として、家の鍵と財布、定期券、それに携帯電話はいつも家を出る前に確かめてから出かけるが、これが携帯だけになったら忘れることもなくなると思う。僕もよく忘れ物をして母親に怒られたなあ、……とそんなことはどうでもよくて、さらに、たまに飛行機に乗るときとかコンサートに行くときも切符を持ったかチェックしなくてもいいとなると便利だ。新しい利用法といってもそんなものなのかもしれない。

（七）　どの機能が顧客に受け入れられるのか

今日は奥山さんとの二回目のミーティングだ。昨日作った新機能のリストを怜子さんにメールで送っておいたが、返事は「サンキュー」だけだった。特に何もコメントがないということは満足しているのだろう。と思っておこう。なんて思っていたら怜子さんが来た。

「行きましょうか。あ、昨日のリストよくできてたわよ」

よかった。とりあえずほっとした。でも、今日はけっこう大変なミーティングなのだ。今度こそは協力体制を作ってもらわないといけないからだ。玄関を出てエレベーターホールまで来たが中原さんの姿が見えない。

「中原さんは直行で向こうで待ち合わせなんですか?」

僕は不思議に思って聞いてみた。

「今日は来ないって。『毎回出ていてもしょうがないだろう』だって」

「なんだか無責任だな」

僕は怜子さんと中原さんに任せておけばいいと思って気楽に構えていた自分に気付いてしまった。

「まあね。でも、これは基本的に私たちの仕事なんだからしょうがないでしょ」

怜子さんはいたって落ち着いていて、機嫌もよさそうだ。何か良い考えがあるのだろうか。エレベーターを降りて、タクシーに乗ると怜子さんが口を開いた。

「裕太君、PTTって聞いたことある? この前のショーには出てなかった?」

「PTTですか? 聞いたことないですけど」

何か大事なことを見逃してしまったのだろうか。

「やっぱりね。外国のビジネス雑誌にはときどき書いてあるわよ。『ビジネス・ウイーク』とか『フォーチュン』くらい読むようにしなさい。PTTっていうのはプッシュ・トゥー・トークの略で、ボタンを押すだけで、あらかじめ登録してある人とすぐに話ができる機能なの。アメリカでかなり流行っているらしいわよ。」

「パソコンでやるインターネット・チャットの音声版みたいなものですか」

「向こうではチャットじゃなくてインスタント・メッセージというけどね。要するに、何も申し込みとかセッティングなしに、ボタンを押すだけで、突然話しかけることができるのよ、相手が着信拒否していない限りは。相手は複数でもいいから、突然会議が始まるみたいなものね」

「おもしろいですね。やっぱり高校生とか友達同士で使うので流行っているんですか?」

僕は女子高生が長々と友達同士で話をしている姿を思い浮かべて言った。

「それがそうじゃなくて、ビジネス用に売れているのよ。チームで働く建設現場とか宅配便の発送係、ホテルのイベント・プランナーなどが使っているらしいのね」

「そうか、やっぱり女子高生だったらお金のかからないメールをチャットみたいにして使うんですかね」

「何言ってんの。アメリカ人は携帯メールを使わないことで有名なのよ。これは固定電話の使い放題料金が比較的安くて、家で料金を気にせずに長電話をするのに慣れてしまってるせいだろうということだけどね」

「アメリカ人の携帯電話の使い方ってずいぶん違うんですね」

また自分の無知を暴露してしまって恥ずかしいので話題をアメリカ人のほうに振ることにした。それにしても怜子さんは何でＰＴＴの話をしたんだろう。これが次の差別化に使えるということなのだろうか。

ポルタモンド・ジャパンに着くと、例によって奥山さんが玄関で待っていて社長室に通された。よほどコンサルタントが来ていることを社員に知られたくないようだ。挨拶などを済ませた後、怜子さんが切り出した。

「あの後、いろいろ分析を進めましたが、やはり御社の場合、日本ではハンデが大きいですね」

「そうですか。私の思っている以上にハンデが大きいのでしょうか。ゴルフでいうなら三十とか」

奥山さんは、物腰柔らかだが、無関心そうに話す。

「この間は開発に力が入らないということだったので、ブランドとか販売促進などのマーケティングによる差別化を考えたのですが、日本では通信キャリアが端末のマーケティングと販売のすべてを行っているので、端末メーカーがやれる範囲が非常に狭いんですね。しかも、ブランドも通信キャリアのものがつけられますから、ブランドも育てられないです。日本以外では携帯電話機といえばポルタモンドといわれるほどのブランドなのに、日本では知名度が非常に低い。企業広告で知名度を高めたとしても、商品にブランドが付いていないから、売上に結びつかないですよね」

「そうなんですよ。いや、私どももそのハンデに甘えているわけじゃないんですが、やはりヨーロッパと同じにされては正直、苦しいですね」

奥山さんは、思いがけず援軍を得たようで、少し戸惑い気味だ。

「私どももこのことはよく本社にわからせないといけないと思っているんですよ。まあ、とにかく、販売とマーケティングでは何もできないほどがんじがらめにされていますから、製品で差別化する他ないということになるわけです。もちろん、奥山さんたちがこれまでやられてきたことですけど、今度こそ本社の本格的なバックアップを得て、強力な差別化を図りたいと思っています。3Gになれば全世界向けの開発ということにもなりますし」

怜子さんは、あえて3Gという業界用語を使って技術的なことに詳しくなっていることをアピールしているようだ。

「3Gになればもう日本の壁はないですからね。我社の開発陣の精鋭を結集して、これまでのノウハウをつぎ込めばいいものができますよ。ただ、ヨーロッパで3Gが本格展開するのがいつになるか……」

奥山さんはだんだんと怜子さんのペースに乗せられて親近感というか、仲間意識を持ち始めたようだ。

「そう、そこなんですよ。もしかすると五年先になって4Gに一気に行ってしまうかもしれないという話もあることですから、2Gのうちにいろいろな新機能のアイデアを盛り込んで差別化を果たした方がいいのかもしれませんね」

「まあ、そうかもしれないですね。実はカメラ付きでは日本が世界をリードしていて普及が一番早いんですよ。そんなことを考えると、日本のユーザーは新しい機能を吸収するのが世界一早くて、製品開発には日本が適しているのかもしれないんですね」

奥山さんは、ちょっと得意げに自分の持論を説明しているようだ。

「なるほど、プッシュ・トゥー・トークも日本で普及しますかね」

そうか、怜子さんは今ホットな技術を持ち出して奥山さんの親近感を得ようとしてPTTの話をしたのか。

「ああ、PTT！　よくご存知ですね。私もこれには注目していましてね。通信技術としては音声をパケット化して運ぶだけなので全然スピードはいらないし、大した技術ではないんですが、面白い利用法ですよね。トランシーバーみたいにボタンを押すと複数の人と話せるんですね」

怜子さんの思惑どおり、奥山さんは笑顔で気持ちよく話し出した。

「そうなんですか。そうすると日本でもすぐに実現できるんですね。話がそれましたが、ちょうど今、その他にもいろいろな機能を携帯に載せようというアイデアが出ていますから、差別化要素がたくさん出てきてチャンスかもしれないですよね。というより、いろいろなものを小さくして小さな箱に高密度に詰め込むのは日本のメーカーの得意とするところですから、ここで遅れを取ったら３Ｇや４Ｇで世界市場を取られてしまう恐れが出てきますよ」

怜子さんはもっと奥山さんを乗せようとしている。

「そうそう。日本のメーカーはポテンシャルが高いですから危険です。それを本社の連中にわかってもらわないと。それにカメラのレンズとかＣＭＯＳ[3]、ＣＣＤ[4]、小型カラー液晶、水晶発振器など部品もほとんどが日本製ですからね。日本で開発しなくちゃ、遅れをとってしまいますよ」

奥山さんはもうほとんど完璧に仲間意識を持っている。

「電子財布のＥｄｙとか、改札を通るときのＳｕｉｃａも日本の技術ですよね」

僕も調子よく、奥山さんに話しかけてみた。

「そうそう、君もよく知っているね。どちらも同じ技術ですよ。香港に行ってみると驚きますよ。オクトパスといって一つのカードで地下鉄やバスも乗れるし、買い物も多くの店でできる。全部、この技術ですよ」

「それでは、3Gが世界で本格的に普及しだす前に、今、製品の差別化で勝負に出るということでよろしいですね」

怜子さんが奥山さんの決断を促した。

「そうですね。今、まさに勝負のときだし、ポルタモンドにはその技術力があるし、できますよ。逆に3Gの時代まで待っていたら、日本のメーカーが世界市場に台頭してきて手遅れになってしまうかもしれないですからね」

奥山さんは、もちろんといった調子で力強く言い切った。

それからしばらく三人で新しい機能のアイデアとしてどんなものがあるかとか、どれが日本のユーザーに受け入れられそうかという話で盛り上がった。怜子さんは昨日、僕のリストを見てのにわか仕込みとは思えないほどよく理解していて自分の知識として話をしていた。中原さんが以前に、コンサルタントは一時間前に初めて聞いたことを、専門家のように人に説明するようになれば一人前だと言っていたが、さすがに怜子さんも一人前のコンサルタントですね、と後で話したら怒られるかな。……なんて考えていたら、怜子さんがユーザー調査をやることを切り出した。

「やはり、ユーザーが何を望んでいるかを知るには、一度、大規模なアンケート調査をやっておくべきだと思います。客観的なデータに基づかないと、いつまでたってもはっきりしないままになってしまいますからね。業務用のマーケットであれば営業マンに聞けばわかりますし、相手は合理的な事業者ですから、相手の立場に立って予想もしやすいのですが、一般消費者となると合理的な人もいる一方、感覚的な人もいるし、わかりづらいんです。特に自分の好みとか感覚で判断すると自分を消費者の代表とみなす、というとんでもない間違いを犯すことになりますし」

「なるほど、わかりました。ちょうど私もなんらかの調査をやろうとしていたんですよ。いや、消費者対象ではないんですけど、営業に命じて、消費者が次に望む機能を出せと言ってあるんです。ちょっと担当者を呼びましょうか」

奥山さんはそういいながら、内線電話を取り、担当の人にすぐに来るように言った。

「今来るのは営業部長でしてね、営業の意見を取りまとめて開発への橋渡しをする役目を負わせているんですよ」

話しているうちにノックがあり、その営業部長らしい人が入ってきた。営業部長といっても三十そこそこのやり手のビジネスマンといった感じだ。

「小野君、こちら調査会社のストラテジック・デシジョンズの三枝さんと藤原さん。今度、本社負担でユーザー調査をやることになってね、ちょうど君が取りまとめている営業からの意見と重なるところがあるから、協力してほしいんだ」

奥山さんから「協力」という言葉が出たので、思わず怜子さんと目配せしてしまった。それにしても、コンサルティング会社ではなくてユーザー調査をやる会社として紹介するところがうまい。これなら、撤退とか縮小という話には結びつかず、前向きな新商品開発しか思い浮かべないだろう。

「それは心強いですね。きっといい商品コンセプトがでてくるでしょう。よろしくお願いします」

小野さんはとても前向きで感じのよい人だ。怜子さんが、ユーザーである一般消費者のニーズを探るために比較的大規模なアンケート調査をしようということになったと説明すると、小野さんがまた口を開いた。

「そうですか。私どものところではそんなお金もなく、とりあえず営業のつかんでいる情報でやろうとしていたので、助かりますよ。今、まとめ作業に入っていまして、来週中に出来上がる予定ですから、再来週早々にでもお見せできると思いますよ」

「それはタイミングがいいですね。私たちも現場を見ていないので、営業の最前線に立っておられる皆さんのご意見をうかがえるのはとても助かります。ぜひ、再来週にミーティングをお願いします。そこでアイデアのすり合わせまでできるといいですね」

怜子さんは、しめたとばかりに話を進めた。そして、二週間後にうちの会社でミーティングをすることになった。

今度の帰り道は明るい気分だった。

「今日はうまくいきましたね」

僕が話しかけると、怜子さんも上機嫌に話した。

「そうね。早めに奥山さんの好きそうな話題を出そうと思ってＰＴＴの話なんかしてみたんだけど、あんなにうまくいくとは思わなかったわ。それにしてもあの小野さんって人はずいぶん協力的だし、仕事もよくできそうね」

僕たちは、足取りも軽く駅への道を歩きながら、次の展開などを話し合った。空は明るく、街も活気づいているように感じた。

（八）　何が差別化要素か

小野さんと約束したミーティングの日はあっという間にきてしまった。もう一つの仕事が忙しかったので、僕も怜子さんもちょっとこの携帯電話の件にはご無沙汰していたのだ。受付から来客の知らせがあり、会議室へ急行した。ようやく梅雨も明け、日差しが眩しく、外ではニイニイ蝉の声が聞こえだしている。会議室には小野さん一人が入ってきた。どうやら奥山さんは来ていないらしい。

「今日は事務レベルの話なので、奥山には来なくていいと言ったんですよ」

小野さんは挨拶するなり、話し始めた。

「まあ、そうですか。社長は来たがっていませんでしたか？」

怜子さんが聞いた。

「そうなんですけどね。まあ、社長は短気ですぐにどんな製品がいいかという結論を出したがるんで、無理やり引き止めたんですよ」

どうやら小野さんは奥山さん抜きで話をしたいらしい。奥山さんがマーケティングにあまり興味がなくてユーザーに目を向けていないからかもしれない。

「そうですか。まあ、今日は小野さんのような営業の人のアイデアを聞く日ですからね。では、早速はじめましょうか」

怜子さんはあまり前置きをせず、本題に入っていった。

「実は本題に入る前に申し上げておきたいのですが、私は今のポルタモンド・ジャパンの状況に非常に危機感を持っていまして、今度の新製品を成功させないと、もう後はないと思っているんです。ご存知かもしれませんが、我々営業のできることは非常に限られていまして、販売店に人を派遣してお客様に説明するとか、社名をあまり出さない広告を打つことくらいなんですよ。ですから、基本は良い商品を出すこと、この一点に尽きるんです」

小野さんは本当に真剣な表情で訴えた。やはり社長が本社を説得し切れていないことを心配しているようだ。

「大体わかっていたつもりですが、小野さんにそのように言われて、確信することができました。私どもも、意を強くしてポルタモンド本社にその点を強調して、製品による差別化戦略を本気で追求していきたいと思います」

怜子さんも、まじめにゆっくり念を押すように答えた。

「ご理解いただいてありがとうございます。本当にぜひよろしくお願いします。……それで、手前ども営業の意見なんですが、第一点は、今のお客さんはカメラ付きが当たり前になっていて、付いてないとまず見向きもされないということです」

「そうなんですか。でもカメラは欲しくないという人もいるんじゃないですか？　電話とメールさえできればいいというような」

怜子さんは、自分のことを考えて口を挟んだみたいだ。

「いや、そういう人はいるんでしょうけど、それなら単に携帯電話を買い替えないで古いのを持ち続けるだけです。今はほとんどが買い替え需要ですから、何か新しい機能を足さないと売れないんです。しばらくは売れる機能がなかったので市場が低迷したんですが、カメラ付きがでてからまた成長が始まったんです」

なるほどそうか。確かに玲子さんも古い携帯電話を使い続けている。

「わかりました。で、カメラの次はどうなんですか?」

怜子さんが先を促した。

「いえ、当面はまだカメラが続きます。というのも、これからメガピクセル級[5]のカメラが出始めて、それに買い替えが起こるからなんです。一度カメラを使い始めると現行の三十一万画素クラスでは物足りなくなって、二、三百万画素までは画素数競争が起こると思います」

「なるほど。デジカメでも画素数競争が起きましたよね。それでしょっちゅう買い替えている人もいました」

僕は友達のことを思い浮かべながら言った。

「それに、デジカメを持っているためにカメラ付携帯を買っていなかった人も、画素数が十分になれば買うようになるかもしれないですね」

怜子さんが続いた。

「そうでしょ。で、そうなると、3Gになると思うんです。メガピクセルになって写真のデータサイズが大きくなると2Gでは送れなくなりますからね」

「そうすると、3G用にメガピクセル級のカメラが付いた製品を開発しようということになるわけですか。それですとどこからでも出てきそうで、あまり差別化にはならないような気がしますが」

怜子さんが言った。

「そうですね。だからそれに何かを足さなければならないんですが、今何が売れそうかとなると、かなり難しくて、我々の間でも意見が揃わないんですよ。一応、すべてをリストしたんですが……。それぞれ自分なりの思い入れが入っているし、どれもヒットしそうな気はするし、でもまだ売られていないものですから、売れるかどうかという兆候さえ見えないんです」

小野さんはリストを見せながら、ちょっと困った顔で話した。リストを見ると、僕の作ったものとあまり変わりはない。ただ、僕のリストで分けた「新しい用途」と「ハード面で要求される部品・技術」のような分類はされていなくて、多くの項目が混在している。ちょっと自慢したくなった。

「確かにどれも魅力がありそうであり、そうでもなさそうであり、少人数で議論していても埒があかないですよね。まあ、だから多数の人にアンケート調査をして明らかにしようとしているわけです。この作っていただいたリストをもとにしてアンケートを設計してみましょう」

「ありがとうございます。アンケートをするなら我々も協力しますよ。量販店の店頭に立ってお客さんにお願いしてもいいですし。そうすれば現場を見られて雰囲気もわかってきますよね」

本当に小野さんは前向きな人だ。

「そうですね。私も実際にお客さんが携帯電話売場で何を見ているかとか、店員にどんな質問をするのかとか見たいですね」

僕も小野さんと一緒に店頭でアンケート調査をやりたくなって口を挟んだ。

「まあ、それはいいとして、もう一つ、考えておかなければならないのは、本当に３Ｇ用の開発でいいのかということですね」

怜子さんはいつも冷静の「冷子」だ。僕はやっぱり、ちょっと乗りすぎかなあ。

「というと、２Ｇでもよいということですか？　でも、それは今までの本社の態度を見ると心配ですよ。今まで、日本の２ＧであるＰＤＣにはいつも興味が湧かないらしくて、開発が遅れ気味でしたから」

小野さんは怪訝そうだ。

「ごもっともですが、でも、３Ｇでもまだ日本くらいでしかサービスが始まっていませんので、本社も力を入れない心配のあることには変わりありませんし、今度こそは何としても日本で成功しようという意気込みで私どもの会社に依頼されたわけですから」

怜子さんはこう言いながら、小野さんのリストを指差して続けた。

「それに今のところ、3Gにするという理由は、メガピクセルの画像を送るためということだけで、他に3Gでなければ困るものはこのリストにもあまりないんじゃないですか?」

怜子さんに言われて、小野さんはじっとリストを見ていた。

「確かにテレビ電話とか動画メールといった動画関連以外はないですね」

「そうでしょう。で、私も友達とかに聞いてみたんですけど、テレビ電話は持ちたくないという人が圧倒的に多いですよ。特に女性は嫌がりますね。寝起き姿を見られたくないとか言って」

僕は待ってましたとばかりに発言した。実はこのために、友達や知り合いに会ったときには必ずテレビ電話を使いたいかどうか聞いておいたのだ。最近はメール中心で音声もあまり使わなくなっているのに、それに加えて自分の顔まで見せ合うというのはあまり人気がなかった。

「ですから、今3Gにしようという理由があまり見当たらないんです。確かに、メガピクセルの画像を送るには3Gがいいですけど、メモリーカードに記憶されるようにしておけば、パソコンにコピーできますし、街のDPEショップでプリントすることもできますから、そんなに送りたい人も多くないんじゃないですか? 一般の人にとっては、電子財布とかチケットなどの方が興味をそそられそうな感じはしませんか? それに、これらのアプリケーションはとりあえず2Gで製品化しておいて、後で3Gに載せることも簡単にできるのではないですか?」

今度は怜子さんの論理的な言葉の機関銃のような攻撃だ。これにかなう人は滅多にいない。

「確かに、言われてみればそうですね。パソコンを持っていない人でも今はDPEでデジタル写真を印刷できますからね。あ、それに私は思うんですが、無線LANも脅威なんですよ。無線LANは3Gよりかなり速いですから、第二世代でも無線LANを載せれば大容量の画像もずっと速く送れるし、IP電話で格安で通話ができることになります」

小野さんは話しているうちに少し興奮気味になってきて、いつのまにか3G否定論者になってきた。

そこで、まずは第二世代用に製品を出すことにし、その差別化要素の候補を絞る作業に移ろうということになった。その候補をアンケート調査にかけてさらに絞り込み、製品仕様を決定するのだ。

まず、メガピクセルのカメラは当然ということですぐに決まった。次に、カメラが入るなら動画も入れたいということでビデオカメラ機能も入れることにした。それから電子財布と鍵もすんなり決まった。これは僕の「『お出かけ前に鍵と財布と携帯電話を持ったかチェック』はもういりません、『携帯さえ持ってれば大丈夫』」という説明が受け入れられた。わりと宣伝コピーの才能があるのかも。

これに近い使い方の、乗り物やコンサートの切符は電子財布の一部として調査に入れようということになった。それから、イヤホンステレオとして音楽を聴くことも携帯で音楽を買ってダウンロードして即聞けるから便利そうだということで選ばれた。ＧＰＳを使うナビゲーションは、すでに実用化しているし、その他のアプリケーションも増えるだろうということで外せないことになった。

最後に、テレビ電話と動きの速いオンラインゲームは第二世代にはできないが、第三世代の将来を占う意味でも、ぜひ聞いておきたいということで決定した。ただし、第二世代用に動きの速くないオンラインゲームも含めることにした。

残念ながら落とされたのは、パソコンとの連携に関するもので、ハード面からいうとブルー・トゥースと無線ＬＡＮだ。これは一般の人には使い方や利用価値がわかりにくいからという理由だ。ＥＴＣも実用化できるかどうかわからないということで落とされた。

その他、電子手帳は取るに足らないし、地上波デジタルテレビは３Ｇ本格化以降の話でまだ現実的でないのでやめることにした。ＰＴＴの話も出たが、遊び用では日本の若者はメールをチャットのように使う方が好きそうだし、ビジネス用となると特殊な職業用になるので、本気で検討するなら営業がそのような職業を狙って聞き込みをするほうがよいということになった。

「小野さん、どうですか？　ざっと見た感じ、ユーザーに受け入れられそうなものが網羅されていますか？」

怜子さんは自分でもじっと見て考えながらいった。

「そうですね。なかなかいい感じです」

「では、このリストをお持ち帰りになって、社内でさらに検討してください。でも増え過ぎないようにお願いしますね」

「わかりました。営業中心に聞いて回ります」

「そうですね、今のところはユーザーに近い営業中心にしておいたほうがよさそうですね。開発に行くとちょっと先の技術に興味があって、『何でこれを入れないの？』という話が多くて候補となる機能が際限なく増えてしまうおそれがありますから」

「で、この次はどうしますか？」

小野さんはしっかりと物事を前に進めるタイプらしい。これも僕たちコンサルタントとそりが合う。

「今度は、これらの新機能をユーザーがどういう風に使うかをイメージして、本当にニーズがありそうかということを確認しながら、ユーザー・セグメントの仮説を作ります」

「ユーザー・セグメントというと？」

「ユーザーを、同じようなニーズを持った人たちに分類することです。つまり、新機能のうちどれを主に求めて、その他に価格とか売り方、ブランド・イメージなどと比べてどれをどのくらい重要視するかということで、同じような人たちをひとくくりにすることです。たとえば、『電子財布と鍵とGPSナビは必須といっていいほど重要で、カメラはあったほうがよく、値段やブランドはどうでもよい』というようなセグメントとか、『カメラ、動画、テレビ電話は絶対に欲しいが値段も重要で、安いなら他の機能はなくてもよい』というようなセグメントです」

「なるほど、わかりました。そうすると、機能のほかにブランド・イメージとか値段といったほかのニーズ要素も考えないといけないのですね」

小野さんは驚くほど飲み込みが速い。

「そうです。新機能の他にどんなニーズがありそうか、いろいろな人を想定して、仮説を立ててみてください」

もうすっかり怜子さんのペースで、小野さんは部下みたいになってきた。なんて思ったら、僕にも矢が飛んできた。

「うちの藤原もいろいろな人にインタビューして仮説作りをしてみますので、お互いにすり合わせをしましょう」

ということで、今日のミーティングは終わった。小野さんを見送った後、怜子さんに念を押された。

「じゃ、いい？　仮説作りのほうはよろしくね」

「はい、とりあえず、社内の人と家族、それに大学の友達に話を聞いてみます」

「何言ってんの！　一般の携帯電話ユーザーに関する仮説作りなんだから、できるだけいろんな属性の人に聞かなきゃだめでしょ。聞きやすい相手を選んでたらだめ。特にヘビー・ユーザーは必要よ。『忙しいビジネスマン』という属性はうちの人でもいいでしょうけど、その他にもいろんなヘビー・ユーザーがいるでしょ」

「えっ、でも、どうやって相手を探すんですか？」

「街へ出て行けばいいでしょ。渋谷のセンター街に行って女子高生にインタビューするとか」

「ええっ？　そんなの怖いですよ。チーマーにからまれたりしたら何をされるかわからないじゃないですか」

「まあ、心配性ね。じゃあ、原宿の竹下通りとか、どう？　もうすぐ夏休みでいろんな地方から中高生が来るでしょ。裏原に行けば大学生がたくさんいるでしょうし」

「はいはい、わかりました。じゃあ、明日から足を使って汗をかきながら調べてきますよ」

「そうそう。何事も現場を知ることから始まるんだから、若いうちは汗をかきなさい！　マスコミっぽい格好をしてその気になって聞けば、答えてくれるわよ」

一兵卒はつらいな。

（九）聞き取り調査とユーザー・セグメンテーション

まずは、手近なところで社内の人に聞いて回った。この人たちは簡単だった。要するに、「興味がない」の一言で片付けられる。

「電話とメールかな。メールも受信だけできれば十分。送るのは会社か家に帰ってからパソコンでやる」

「電話だけできればいいよ。メール？　そんなのいらない。ボイスメールが楽だから」

「電子財布？　そんなのどこで使えるんだね」

こんな調子で、最近携帯を買い替えた人はいないし、値段は安いほどよいそうだ。ただし、いくらで買ったのか覚えていないし、今いくらくらいなのかも知らない。ちなみにボイスメールとは、電子メールがなかった頃に多国籍企業で大流行した音声メールで、今でもボイスメールで秘書に頼んで電子メールを送ってもらう人がいる。

さあ、いよいよ外部の人へのインタビュー開始だ。僕はボイス・レコーダーとメモ帳を手にスーツ姿という真面目そうないでたちで出かけた。最初に行ったのは、会社からも近い麻布十番だ。ここは中年の女性、いわゆるおばさん連中がたくさんいて、みんな暇そうなので声を掛けやすい。鯛焼き屋の前に列ができていて、五十代くらいのグループが並んでいたので声を掛けてみた。

「そうねえ。カメラが付いているのは欲しいわね。それから、ビデオにもなったらいいわね。でも高いんでしょ。なかなか私たちのお小遣いじゃ買えないわよねえ」

「電子財布？　使いにくそうだし……壊れて中身が消えたりしない？」

という返事だった。他にも十人くらい、声を掛けてみたが、大体同じような感じで、すでに出ている機能でわかりやすいものは欲しいが、まだ出ていない機能や使い方のイメージの湧かないことには興味がないのだ。また、とても価格に敏感なようだ。

次に、勇気をふりしぼって、竹下通りと裏原宿に行ってみた。今度はなかなかインタビューに応じてもらえず、一日がかりになってしまった。でも、だんだん慣れてくると親しく話してもらえるコツがわかってきて、楽しかった。最初の頃は単に「ちょっとすみません、携帯電話の調査をしているんですが」と声を掛けて胡散臭がれていたのだけれど、「ちょっと、君たち、携帯の新製品開発やってるんだけど手伝ってくれない？」と言い方を変えただけでずいぶん違ってきたのだ。中学生は携帯電話を持っていない子が多かったが、高校生になると八割がた持っていた。さらに大学生になると百パーセント持っていた。

「カメラ付き？　もちろん持ってるよ。音楽もこれで聴けたらいいね」

「コンサートチケットなら携帯で買ったことあるよ。電子財布なんて超かっこいいね。使ってみたい」

といった感じで、何にでも興味があって、カメラ、ビデオはもちろん欲しいし、電子財布やチケット、定期券としても使ってみたいということだった。

彼らはパソコンを持っていない、あるいは持っていてもデスクトップとかDVDが一体になった重いノート型であって、持ち歩けるようなものでない場合が多く、携帯電話でやれることは何でもやりたいという傾向が強い。家のパソコンでできるとはいっても、外で友達と一緒にいるときにインターネットで情報集めをしたり、買い物をしたり、ゲームをやったりすることが重要なのだ。

それから仲間とのコミュニケーションは非常に大事でメールは欠かせないし、対戦ゲームも一種のコミュニケーション手段と捉えているようで、やりたいという人が過半数いた。しかし、価格には敏感で、あまり高いと買い替えられないし、利用料金も気になるようだ。だから電話よりメールを使うようにしているし、動画を送るのにも一回百円も取られるとなるとあまりしょっちゅうは送らないし、音楽も安くなければ買わないということだった。

年齢的な違いはというと、中学、高校、大学と上にいくにしたがって、高いものを買えるようになる一方、だんだん新しいものへの興味はなくなって、新機能はなんでも欲しいという人は減っていくようだった。

その次に、一般の人の多いところとして表参道と六本木、新宿、さらに池袋、上野と一週間以上かけて回った。暑い盛りにスーツを着て歩き回ったので、かなりきつかった。こういうことをやるなら気候の良い春か秋にしてもらいたいものだ……なんて怜子さんを恨んだりもした。それはさておき、二十から四十代の社会人と思われる人を狙ってインタビューしたのだが、このグループは特徴のないことが特徴のようで、年齢、性別にかかわらず、新しい機能に興味のある人とない人と両方存在する。つまり、電話とメールだけでいいという人もいるし、カメラは必須という人もいるし、電子財布や対戦ゲームなど何でも欲しいという人もいる。さらに値段、料金に関しても、かなり気にする人もいるし、高くても多くの機能が付いているのを買うという人もいる。要するにいろんな人が混ざっているということか。

家や近所では両親など、五、六十歳代の人にも話を聞いた。この人たちは、ほとんどが電話にしか使っていなかった。ただ、よく聞いてみると、本当はメールや写真などに使いたいのだけど、使い方がよくわからないし、使いこなす自信もないから使わないということだった。つまり興味はあるが自信がないということだ。ただし、なかにはメールも写真も使いこなしている人もいることはいた。

けっこう日数をかけたが、わりと情報は集まったし、仮説も僕なりにできたので、怜子さんに報告に行くことにした。今回は特に紙にまとめなくてよいと言われたのは助かった。もちろん、自分の頭を明確にするためにいろいろ紙に書いたものはあるが。

「それで、どんなことがわかった？　セグメントの仮説よ」と言われ、僕は行った場所と聞いてきたことを話し、中学・高校生、大学生、二十〜四十代の社会人、忙しいビジネスマン、五十歳以上の人と分けて、ニーズが違うという話をした。

「よくやってくれたわね。ありがとう。情報量は大したものよ。でも、聞いておきたいことがあるんだけど、何でセグメンテーションの軸が年齢なの？」

これは意外な言葉が返ってきた。何で年齢じゃいけないいんだろう。性別とか職業、住んでいる地域まで入れないといけないのかな？　でもそこまで分けられるほどサンプル数はないし、話した感じでは男女の別はあまりなかったけどなあ。ちょっと言葉に詰まっていると、怜子さんが自ら解説してくれた。

「この軸が間違っているということではなくて、何で年齢で切れると思ったの？」

「そういわれても……普通、年齢で切りませんか？」

「じゃあ、質問を変えましょう。『特徴のないのが特徴』という二十〜四十代の社会人はユーザー・セグメントといえる？」

「ユーザー・セグメントの定義は、同じようなニーズを持った人の集合だから……二十〜四十代の社会人はセグメントとは言えませんね」

しまった。僕はしっかりと定義を確認しないで、先走って分析していたことに気づいた。

「そう。『特徴のない』っていうニーズなんてないでしょう?」

「ということは、切り方が悪いと……」

「他のセグメントはうまく年齢で切れているようだけど、そもそもユーザーを分類してからそのニーズは何かを探すという方法が間違っているのよ。セグメントの定義からして順序が逆でしょ?」

「逆と言うと?」

どうもまだ怜子さんが何を言いたいのかよくわからない。セグメンテーションの切り口が悪いわけじゃなくて、やり方が逆? どうしたらいいんだろう?

「『同じようなニーズを持った人の集合』なんだから、最初からいろんな人にニーズを聞いて、同じようなニーズをもった人を一つのグループにして、その後にそのグループがどんな人たちかを調べればいいでしょ」

「僕のやろうとしていたことはまずユーザーをグループ化して、そのあと、ニーズを聞いて共通することを抜き出していたんですね。だから同じニーズでないグループも出てくることもある。そうすると、グループ化の軸を考え直して、また共通するニーズがあるかみる、というプロセスなんですね。でも、最初からニーズで分類して、その後に同じニーズを持った人たちに年齢とか共通する属性があるかをみればいいというわけですか」

「実際、あなたの『忙しいビジネスマン』というセグメントだけは年齢で切ってないでしょ。二十～四十代の社会人の中に入るはずなのに、わざわざ切り取って別にしているのよ。それにこのセグメント自体、『ビジネスマン』である必要はなくて、『忙しい』ことだけが属性になるんじゃない？　芸術家だって学者だって忙しければ同じことでしょ」

「そうか」

「そもそも、セグメンテーションするということの中にセグメントの属性を知ることは必要不可欠な要素として入っていないのよ。そうでしょ？　セグメントは同じようなニーズを持った人の集まりなんだから、それがどんな人たちかということは付録みたいなものなの」

なんだかようやく頭の中の霧が晴れてすっきりしてきたが、まだ飲み込めていない。

「なるほど。でも、そうすると、属性は何のためにあるんですか？」

「マーケティングのためよ。どのセグメントを主なターゲットにするか決めたら、どう売るかということになるでしょ。流通チャネルをどこにするかとか、宣伝の媒体とか主なメッセージ、パッケージ、販促方法、すべて相手がどんな人たちなのかその属性を知らないと決まらないでしょ」

そうか、やっと全体が見えてきた。僕がいろんな年齢層に聞いて回ったのは正しいのだが、その年齢層別にニーズを出そうとしてのが間違っていたんだ。だから、二十～四十代の社会人という特徴のないセグメントができてしまったんだ。

「わかりました。それじゃ、もう一度白紙に戻して、どんなセグメントがありそうか考えてみます」

「お願いね。とりあえず、属性まで考えなくてもいいわよ。携帯電話市場では日本では流通は決まってしまっているし、メーカーとしてマーケティングがほとんどできないからね」

マーケティング活動がほとんどできないから属性まで考えてもあまり使えないんだ。そう考えると、僕の考えていたことってほとんど価値がなかったのか。と、がっかりしていると突然、「今度のミーティングはこちらのペースで進めようと思うから、裕太君、あなたが最初に自分の仮説を出して説明してね」

と怜子さんに言われた。驚いた。今まで怜子さんが話しているのを聞いて適当に発言していればよかったのに、いきなり僕がクライアントを前に説明するのか。でも、気楽さに甘えていてはいけないと思い、「わかりました。がんばります」と良い子になって答えた。しかし、大変なことになったなあ……。

（一〇）ユーザー・セグメント仮説の詰め

「今日はユーザー・セグメントの仮説を出し合うわけですが、私どもの方から先に始めましょう」

怜子さんはこう言うと、僕に目配せした。ついに始まってしまった。怜子さんにこのミーティングのトップバッターを務めるように言われてから数日間、悪戦苦闘しながら何とかまとめてきた。でも、属性を抜くことで随分明確になったと思う。もちろん、怜子さんに添削してもらっているから少しは安心だ。「落ち着いて」と自分に言い聞かせた。

今日も奥山さんたちの希望で、人の目を気にせず議論できるＳＤＩの会議室だ。ポルタモンド社からは小野さんと小野さんの部下の渡辺さんという人が来ている。

「では、お配りしたコピーをご覧ください。いくつかの繁華街を回ってインタビューしたところ、日本のユーザーはこの五つのセグメントに分けられるのではないかと考えております。まず、第一番目のＡですが、これは新しい機能は何でも欲しいと思う人たちで、いわゆるマニアといいますか、ＩＴやファッション業界によく見かけるセグメントです。とにかく人より先に新しいものを手に入れたいと思っていまして、価格が多少高くても、ちょっと革新的な機能を持った製品が出ると買わずにいられないという傾向があります」

〈セグメント仮説〉

記号	セグメント名	ニーズ	特徴
A	マニア	●すべての機能がほしい ●新製品が出たら購入を検討する ●価格はあまり重要でない	●新しいものを誰よりも先に手に入れたがる ●技術的なことに興味がある ●操作方法を覚えるのが苦にならない
B	遊び	●遊び的な機能は何でもほしい ●価格はある程度重要で敏感（高い／安いを判断できる）	●友達とのコミュニケーションに最大の価値を置く ●操作方法を覚えるのは好きではないがあまり苦労しない
C	便利	●便利な機能はほしい ●価格はある程度重要で敏感	●携帯電話を遊びには使わない ●操作方法を覚えるのは好きではないし得意でもない
D	消極	●わかりやすい機能は重要 ●価格は重要で、ある程度敏感	●新しいものに興味はある ●操作方法を覚えるのは好きではないし得意でもない
E	無関心	●音声電話とメール以外には興味がない ●価格は重要だが敏感ではない	●仕事が忙しい ●実際に役に立つことがわかるまでは新しいものに手を出さない

僕は一番語りやすいセグメントから始めた。

「こういう人はいますよね。携帯電話の他にデジカメ、それにＰＤＡ[6]なんかも持っていてしょっちゅう買い替えている類の人ですよね」

渡辺さんがすぐに反応してくれた。出だし好調だぞ。

「そうです。私の友人にもこういう人がいまして、ＰＤＡなんかほとんど使わないうちに新しいのを買うんです。デジカメも携帯電話も、たぶん十台近く買っています」

嬉しくなって、僕はつい電気製品マニアといわれている友達の例を出した。

「私の知り合いにもいますよ。前の会社に勤めていた部長さんで、もう定年退職したんですが、今でもパソコンを何台も持っていますし、ＰＤＡも買い替えると人に見せて説明したがって困るんですよ。あれを買え、これを買えとアドバイスもしたがるし」

渡辺さんも嬉しそうにかつての上司の話をしだした。いい人だ。乗りやすいタイプの人のようだ。ひとしきり、こんな話が続いた後、怜子さんが口を開いた。

「よくわかりました。では、次のセグメントにいきましょうか」

進行役は大変だ。

「次は一番下のEを見てください。これはAと正反対でして、新しい機能には興味を示さず、音声電話とメールができれば十分という人たちです。中には音声だけでもいいという人もいますし、メールも読むだけでいいという人もいます」

僕は二番目に説明の楽なEを説明した。

「いますね、必ず。こういう人たちは」

また渡辺さんが同調してくれた。

「私にとっては一番身近な人たちでして、私の会社の人たちはほとんど、たとえば、隣に座っている方もこのセグメントみたいなんです」

「このセグメントに関することならお任せください。典型的なサンプルとしてお役に立ちます」

怜子さんも自覚があったようで、僕の突っ込みにはたじろぐことなく、渡辺さんたちの笑いをとって、雰囲気を和ませた。

「そうですか。それは心強いですね。でも、私は自分の両親をイメージしました。年を取るとメカに弱くなるし、新しいものへの興味もなくなるじゃないですか。父は音声電話にしか使わないし、母にいたっては、まだ携帯電話を持っていないんですよ」

今度は小野さんが口を開いた。

「そうですね。ニーズで分けたセグメントには、必ずしも一つではなくていろいろな属性の人がいる可能性があるんです。ただ、どちらも新しい機能には無関心である点では一致しているので、今のところ同じセグメントとして扱っています。属性欄を作って『忙しいビジネスマン』と『高齢者』と書き留めておけば後で必要なときに分けられます」

怜子さんはしっかりと答えて次へ進めるように僕にアイコンタクトした。

「次にBをご覧ください。これは、遊びといいますか、楽しいことが重要と思う人たちです。楽しいというのは、たとえば用事はなくてもメールで友達とチャットみたいなことをするとか、集まってカメラで写真を撮ってその場にいない人に送るとかです。つまり、誰かとつながっているということを実感できるコミュニケーション重視型なんです。で、電子財布とか鍵といった実利的な機能となるとあまり興味がなくなります」

「ちょっと待ってください。それは、私どもの作ってきた『学生』セグメントに近いと思うのですが、我々の感触ですと、学生は電子財布や鍵など便利なものにも興味があるのではないかと思われるんですが」

小野さんが異議を唱えた。

「そうですね。私もそう思ったのですが、そういう学生はAの『マニア』セグメントに入ると思ったので、ここでは単に遊びやコミュニケーションのために携帯電話を使う人たちということにしたんです」

僕は気付いていたことなので、すぐに答えることができた。

「ただ、マニア・セグメントは値段を気にせずに買ってしまうんでしたよね。こちらの学生の場合は、欲しいけれどもお金がないから買わずに我慢することも多いように思うんですが」

小野さんも鋭いところを突いてくる。僕のちょっと困った表情を見逃さず、怜子さんが助けてくれた。

「そうですね。私どもも分けるべきか迷っていたのですが、やはり分けたほうがいいのかもしれないですね」

そうか、引き下がるべきところはすっと引き下がればいいのか。

「ええ、特にこのごろは価格の重要性が増しているんです。というのは、以前、新規加入者が多かった頃は通信キャリアさんも販売奨励金をたっぷり出していたので、販売店はそれを原資に大幅な値引きをしていたのですが、だんだんと新規が減って買い替え需要が中心になってくると奨励金を減らし始めたのです。ですから、販売店の値引率が低くなって販売価格が高くなり、ユーザーさんもあまり気軽には買い替えられなくなっているんです。もっとも、またキャリア間のシェア争いが激しくなると、奨励金が増えてくるかもしれませんがね」

と渡辺さんが言った。

「なるほど。新規の加入者なら一年以内で奨励金を回収できますものね。たとえば、奨励金が四万円、ＡＲＰＵ[7]が五千円なら八カ月で投資回収ということになりますからね。でも、買い替えだとＡＲＰＵが増えるわけではないから、奨励金を出すと投資回収はできず、単に加入者を引き止めるためのコストを払ったことになってしまうということですね。それで奨励金は減らさざるを得ないと」

怜子さんはすごい。いつの間にか関連知識を増やしているし、理解が速い。

「さすが、よくお分かりですね。さらに今は通信料金の引き下げ競争も起こっていてＡＲＰＵも下がってますから、余計に販売奨励金を出しづらくなっているんです」

渡辺さんが怜子さんの知識に感心しながら言った。

「そうですか。そうすると、やはり『新機能は全部欲しいけど買えない』セグメントと『全部欲しいし、無理してでも買う』セグメントは分けないといけないですね。全部の機能を盛り込むと価格がかなり高くなるとすれば、学生には手が出せないかもしれないですけど、マニアはそれでも買うということになりますからね」

怜子さんはやはり話をセグメンテーションに戻した。

「なるほど。そうですね。でも、なんといいますか……いくらだったら買ってくれるの？

とか、どの機能を落としていくらだったら買ってくれるの？　ということを聞きたくなりますね」

小野さんも、なかなかだ。怜子さんのスピードについていってる。

「そうですね。それでは、携帯電話を買う予算はいくらか、ということと、安ければ安いほどいいのかの二点に分けて聞きましょう。つまり、いくら以上だったら買わないかということと、価格の重要性が新機能などと比べてどうなのかということです。前者が最低要件で、後者がその最低要件を満たしている複数の製品を選択する場合の基準ということです」

怜子さんは全く戸惑いもせず、説明した。

「つまり、マニアは価格の要件が緩くて、高くても買う。学生は価格の要件はきつめだけど、選択基準としてはあまり重要でないということですか。予算の範囲内であれば、安ければ安いほど良いというわけではなくて、逆に予算ぎりぎりでいろいろな機能が入っているほうがよいということでしょうから」

僕はここはよくわかったので補足説明をした。

「そういうことです。新機能も、細かいアプリケーションごとに重要性を評価してもらえば、優先順位が付いて、結局、どの機能が入っていて、いくらだったら買うということがわかるのです。予算の範囲に納まるまで、重要でない機能から落としていけばいいわけですから」

やはり最後は怜子さんが決めた。

「わかりました。じゃ、次のセグメントにいきましょうか」

小野さんは納得したらしく、次へ進むことを促した。

「はい、ではCをご覧ください。『便利セグメント』と名づけていますが、これは、ドアの鍵とか電子財布、クレジットカードなど、生活や仕事に役に立つ便利な機能は積極的に取り入れたいと思っている合理主義の人たちです。その反面、カメラやビデオ、ゲームといった遊び的な要素の機能はいらないと考えています」

僕はCセグメントの説明を始めた。

「これと無関心セグメントの違いは何ですか?」

渡辺さんが聞いた。僕はすかさず、

「便利な機能には関心があるので、新しい機能には注意を払っているという点で違います。無関心セグメントは、新しい機能が出ても関心を示さないし、わかろうと努力しないのです」

と説明した。

「そうすると、マニア・セグメントと無関心セグメントの中間くらいに位置するんですかね」

渡辺さんも切り返してきた。

「遊びセグメントと便利セグメントは両方とも新機能への関心度という意味ではマニアと無関心の間に位置します。両者とも関心はあるのですが、興味のある分野が限られている点でマニアよりも関心度が低いのです。それから、自分がどのように利用するかを良く考えています。

つまり、かなり目的志向が強いんです。マニアの人は実際に使わなくても買うところが違います」

我ながらよく説明できた。

「なるほど、これもある程度忙しい人なんでしょうね」

今度は小野さんが言った。

「たぶん、仕事は持っていますね。学生よりも社会人に多いと思います。でも無関心セグメントのビジネスマンよりは時間的な余裕はあると思います。高齢者よりは忙しいでしょうけど」

怜子さんが答えた。

「まあ、いわゆる普通の人なんでしょうね」

渡辺さんも理解し始めたようだ。

「少し賢いほうかな」

小野さんもイメージができたようだ。

「では、最後に残ったDですが、これは消極セグメントと呼ぶことにします。遊びセグメントと便利セグメントよりは関心度が低いのですが、興味がないわけではないので、どんなものかよくわかれば新機能を取り入れていくタイプの人たちです」

僕は次のセグメントを説明した。

「なるほど。これも普通の人で、どちらかというと出遅れるタイプですね」

渡辺さんの飲み込みが早くなった。

「これは遊びと便利に分けなくていいのですか？」

小野さんはけっこう論理的な人のようだ。

「私もそう思ったのですが、この人たちは、遊びと便利もあまり区別しないようなので一括りにしておきました」

怜子さんはこの論理を考えていたようで返答が早い。

「なるほど。そうすると、遊び、便利、消極の三つのセグメントは普通の人たちで、遊びはどちらかというと学生に多く、便利は社会人に多い。そして消極はどちらにもいる、ということですね」

小野さんはやはり論理的にしっかり整理したい人のようだ。

怜子さんは素早く
「図に描くとこんな関係ですね。はっきりと学生や社会人に分かれるわけではないですけど、大体こんな感じでしょう」

と言って、ホワイト・ボードに図を描いた。

「なるほど。よくわかる図ですね。セグメント間にお互いに重複もないことがわかりますね」

小野さんは感心してうなった。

「私どものセグメント仮説はこれで終わりですが、小野さんたちのはいかかですか？　何か

〈ユーザー・セグメントと属性の関係〉

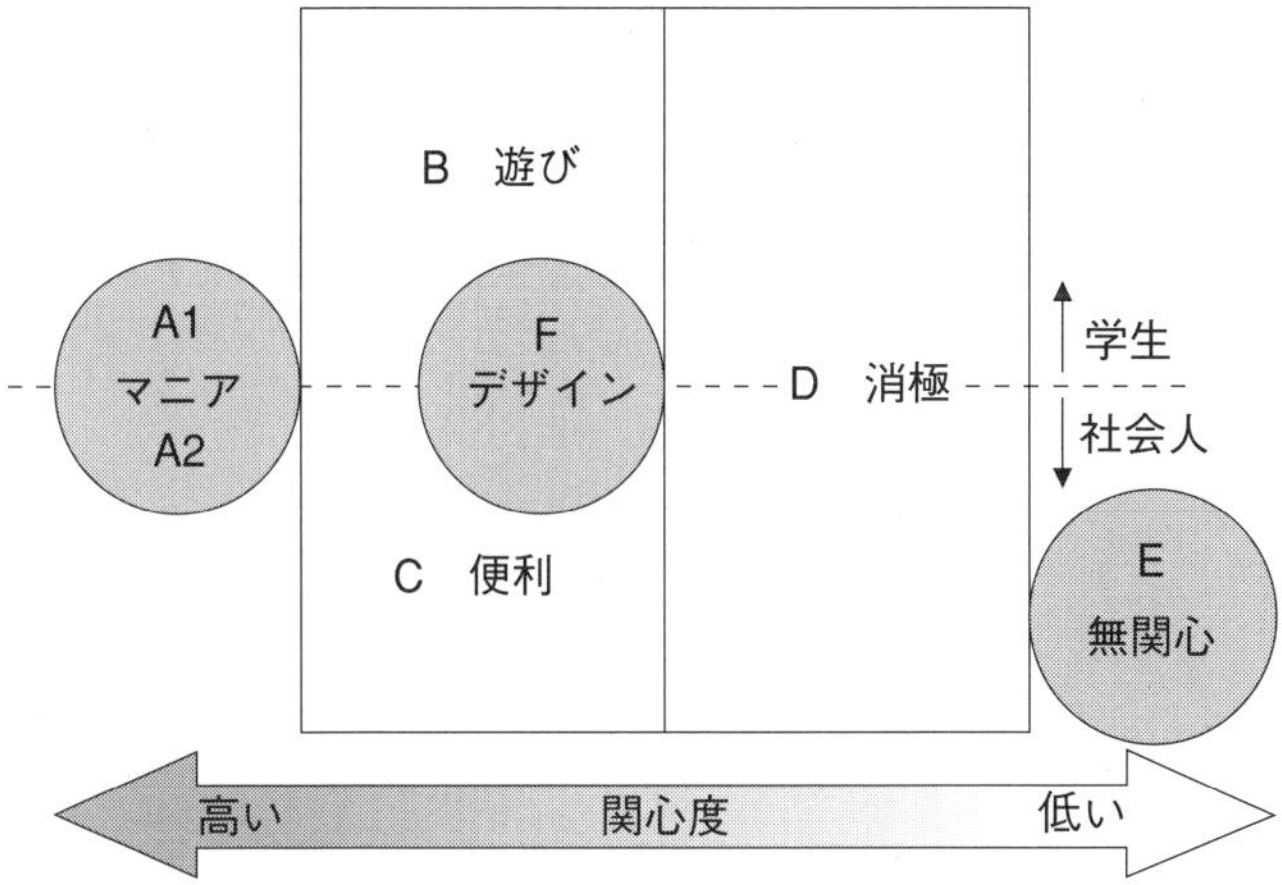

あれば追加変更しますが」

「大体同じといいますか、御社の方がずっとまとまっていると思いますが、一つ、付け加えてもいいかなと思うのは、私どもの作った『デザイン』セグメントです。これは、携帯電話のデザインと申しますか、外観を重視するセグメントです」

渡辺さんが自分のノートを見ながら言った。

「それは、遊びや便利さの新しい機能を多少犠牲にしてでも、好きなデザインの物を選ぶという意味ですか?」

怜子さんが尋ねると、

「そうですね。トレンディーな新しい機能にも関心はあるんだけど、デザインの方がもっと重要と考えるような人たちです。最近は製品の差別性がなくなってきたので、色を増やしたり、カバーをつけて着せ替えたりするタイプなんかも出てきてます」

渡辺さんがさらにノートを見ながら続けた。

「なるほど、腕時計でも、正確性で差別化できなくなってデザイン性が前面に出た競争になったという歴史がありますし、それと同じことが起こりつつあるということですね。それでは、遊びセグメントと便利セグメントの一部分、つまりサブセグメントとなる可能性がありますから、質問表に入れることにしましょう」

怜子さんはすぐに結論を出した。

「よろしくお願いします。私としては、ぜひその点が今後どうなるか知りたいところです。このほかには特にございません。今日は良いミーティングをさせていただきました」

小野さんが朗らかな笑顔で言った。本当に怜子さんを信頼しているようだ。

「それでは、この仮説を検証するということを目的として、アンケート調査の具体的な質問項目をこれから私どもで作成します。小野さんと渡辺さんは気付いたことがありましたら、いつでもご連絡お願いします」

こうしてユーザー・セグメントに関する仮説のミーティングは終わった。

小野さんたちを見送った後、やはり、質問表の起案は僕なんだろうなと思っていると、怜子さんに早速言われた。

「それじゃ、裕太君。おわかりでしょうけど……」

〈セグメント仮説——修正版〉

記号	セグメント名	ニーズ	特徴	属性
A 1	マニア	●すべての機能がほしい ●新製品が出たら購入を検討する ●価格はあまり重要でない	●新しいものを誰よりも先に手に入れたがる ●技術的なことに興味がある ●操作方法を覚えるのが苦にならない	●PDA などの最新機器に興味のある人 ●社会人 ●男性に多い
A 2	準マニア	●すべての機能がほしい ●新製品が出たら購入を検討する ●予算が限られているが、予算内であれば価格はあまり重要でない	同上	●PDA などの最新機器に興味のある人 ●中高大学生 ●男性に多い
B	遊び	●遊び的な機能は何でもほしい ●価格はある程度重要で敏感（高い／安いを判断できる）	●友達とのコミュニケーションに最大の価値を置く ●操作方法を覚えるのは好きではないが、あまり苦労しない	●学生 ●社会人 ●時間的余裕がある
C	便利	●便利な機能はほしい ●価格はある程度重要で敏感	●携帯電話を遊びには使わない ●操作方法を覚えるのは好きではないし得意でもない	●社会人 ●少し忙しい
D	消極	●わかりやすい機能は重要 ●価格は重要で、ある程度敏感	●新しいものに興味はある ●操作方法を覚えるのは好きではないし得意でもない	●学生 ●社会人 ●高齢者
E	無関心	●音声電話とメール以外には興味がない ●価格は重要だが敏感ではない	●仕事が忙しい ●実際に役に立つことがわかるまでは新しいものに手を出さない	●忙しい人 ●社会人 ●高齢者
F	デザイン	●デザイン重視 ●機能に関心はある ●価格はある程度重要で敏感	●BとCの一部分（サブセグメント）	●BとCの一部分（サブセグメント）

「わかってます。質問表を作っておけばいいんですね。いつまでですか?」

「そうじゃなくて、質問表は私が作るから、セグメント仮説の表を今日の結果を踏まえて更新しておいてということ。質問表の設計は大変なのよ」

なんだ、早まった。怜子さんがやってくれるのか。でも、ほっとした。

「そうですか。それでは、セグメントAを分けて、デザイン・セグメントを作って、あとは、各セグメントの属性の欄を作って書き入れておけばいいですね」

「ありがとう。じゃ、今日中にお願いね」

やれやれ、今日は久しぶりに早く帰ろうと思ったのに。とはいえ、これはミーティングの中で決まったことを反映させればいいわけだから、あまり悩むことなくできた。

（一一）アンケート調査の設計——コンジョイント分析の採用

アンケートの質問票は怜子さんが作り、また小野さんと渡辺さんを呼んでレビューをした。

「今回は、ユーザーのニーズを把握するための方法としてコンジョイント分析を使うことにしました。これは、製品の機能や価格を書いたカードをみせて買いたいと思う順に並べてもらって、回答者が無意識的にどの要素を重要視しているかを分析するものです」

怜子さんはコンジョイント・カードを見せながら説明を始めた。

「このように、機能はフルに揃っていても価格が非常に高いものや、遊び的機能を重点的に入れて価格をそこそこにしたもの、逆に便利な機能を中心に盛り込んで価格をそこそこにしたもの、機能をメールくらいに絞り込んで価格をうんと落としたものなどを見せて、一方を立てればもう一方は立たないというようなトレード・オフを迫って、潜在的なニーズを引き出すのです」

「なるほど、こうすれば、すべての希望がかなうことはなくて、限られた予算内に納めるためにどれか重要でない機能を捨てなければならないですからね。よくできているなあ」

渡辺さんが感心しながらカードを見ている。

「そうです。選択を強いることによって優先順位をつけさせるんです。今回は特に値段によっ

〈コンジョイント・カード〉

A

メール	あり。5000文字まで
カメラ	300万画素
ビデオ	あり。テレビと同等の動き
音楽	あり。MP 3 音質、シングル100枚保存可能
電子マネー	なし
クレジットカード	なし
乗り物やコンサートの切符	なし
家などの鍵	あり
ナビゲーション	あり。リアルタイム
オンラインゲーム	あり。テレビと同等の動き
テレビ電話	あり。テレビと同等の動き
ビデオ／高画質画像の送信	10分の録画を10秒で送信可能
指紋・顔による本人確認	あり
デザイン・色	特に好きではない一般的なデザイン・色
値段	10万円

B

メール	あり
カメラ	31万画素
ビデオ	あり。動きがぎこちない
音楽	あり。MP 3 音質、シングル 5 枚程度保存可能
電子マネー	なし
クレジットカード	なし
乗り物やコンサートの切符	なし
家などの鍵	なし
ナビゲーション	なし
オンラインゲーム	あり。動きがぎこちない
テレビ電話	あり。動きがぎこちない
ビデオ／高画質画像の送信	あり。10分の録画を 5 分で送信可能
指紋・顔による本人確認	なし
デザイン・色	好きなデザイン・色
値段	5 万円

C 以下省略

て盛り込める機能が違ってきますので、こうしないと難しいのです。こういう場合に、『重要と思うか』というような自分で意識的に評価させる質問にしますと、値段を考えずに重要と考えて多くの機能を過大評価してしまう可能性が高くなるんですね。そして、その過大評価する傾向も個人差があるので、セグメンテーションが難しくなるんです。特に日本人の場合、評価にメリハリを付けずに、たとえば五段階評価で四に集中する傾向がありますから」

怜子さんはどんな分析にするか十分に考えてコンジョイントにしようと決断したようだ。僕に質問票を作らせなかったわけだ。

「よくわかりました。これで我々の仮説が正しいかよくわかりますし、結果が楽しみですね」

小野さんが言った。

「それでお願いしたいのですが、このコンジョイント・カードの作成を手伝っていただきたいのです。どの機能を盛り込むといくらくらいになるか、私どもでは見当が付きませんので」

「承知しました。では、私が持ち帰って社内で作ってみます」

渡辺さんが積極的だ。

「では、質問票を見てください。今説明したコンジョイント分析はⅢに入っています。Ⅱの『必要条件としていること』は、これがなかったら検討もしないという必要条件かどうかをみます。Ⅲの『買いたい順番に並べる』コンジョイント分析用の質問では、必要条件を満たす機種が複数ある場合に、機能がある・ないの他にその機能の程度も考慮して、どの機能を重視し

携帯電話に関するアンケート

Ⅰ．あなた自身についてお伺いします

（1）性別　□1. 男性　□2. 女性

（2）年齢　□　歳

（3）職業

□1. 会社・団体の社員・職員、公務員・教職員　□2. 自営業

□3. 自由業　□4. 中高生　□5. 大学生・大学院生

□6. 主婦（専業）

□7. その他 □

（4）1週間当りの仕事／勉強時間　□　時間位

（5）携帯電話利用暦　□　年位

（6）携帯電話を買い替える頻度　□　カ月に1度

（7）携帯電話の操作方法の習得

□1. 好き　□2. 苦にはならない　□3. 面倒　□4. 苦手

Ⅱ．あなたが携帯電話機を買うときに必要と考えていることを教えてください

（1）メールができる	□必要	□あったほうが良い	□不要
（2）写真を撮れる	□必要	□あったほうが良い	□不要
（3）ビデオを撮れる	□必要	□あったほうが良い	□不要
（4）音楽が聴ける（イヤホンで）	□必要	□あったほうが良い	□不要
（5）電子マネーで支払いができる	□必要	□あったほうが良い	□不要
（6）クレジットカードとして支払いができる	□必要	□あったほうが良い	□不要
（7）乗り物やコンサートの切符として使える	□必要	□あったほうが良い	□不要
（8）家などの鍵の開閉ができる	□必要	□あったほうが良い	□不要
（9）道案内(ナビゲーション)をしてもらう	□必要	□あったほうが良い	□不要
(10) 動きの速いオンラインゲームができる	□必要	□あったほうが良い	□不要
(11) テレビ電話ができる	□必要	□あったほうが良い	□不要
(12) ビデオ／高画質写真を送れる	□必要	□あったほうが良い	□不要
(13) 顔や指紋による本人確認ができる(安全)	□必要	□あったほうが良い	□不要
(14) 好きなデザイン・色である	□必要	□あったほうが良い	□不要
(15) 値段	□ 円以下		

Ⅲ．別添えの20枚のカードは1枚に1機種の内容や特徴と値段が書いてあります。買いたいと思う順番にならべてカードの記号（A～Tまでのアルファベット）を記入してください

順位	1	2	3	4	5	6	7	8	9	10	11	12	13	14	15	16	17	18	19	20
記号																				

ているかをみます。このように二段階に分けたのは、『あればよい』ことと、『あって、さらに機能の良い方を選ぶ』ことを分けるためです。たとえば、カメラは、あればどの機種でもいいのか、それとも、さらに画素数が多い方を選ぶのか、そうだとして画素数が多いことが機種選択にどの程度影響を与えるのかということです。あるいは、価格が予算の範囲に納まっていさえすればいいのか、つまり上限に近くても欲しいものを選ぶのか、それとも、より安い機種を選ぶのかということです。このような機能や価格のレベルを一覧できるようにしたものが、コンジョイント分析属性プロファイル表です」

怜子さんが、わかりにくそうなところを解説した。

「なるほど、何となくわかりましたが、それで結論としてどんなことが導かれるんですか?」

小野さんがまだ飲み込めていないという顔で聞いた。

「たとえば、カメラを付けなければいけないのかということは質問Ⅱで結論が出ますし、画素数を他社より多くすることが差別化につながるかはⅢから結論が導かれます。値段の場合も、絶対額としていくらに押さえれば良いかはⅡから、必要な機能に絞り込んでできるだけ安くするべきかはⅢから引き出されます」

「そういうことですか。鍵でしたら、鍵として使えればよいというのがⅡの必要条件で、機能を検討して遠隔操作できるとか安全性の高い方を選ぶ、選択基準として優先順位が高いというのがⅢの重要項目というわけですね」

〈コンジョイント分析属性プロファイル表〉

属性（機能）	第Ⅰ水準	第Ⅱ水準	第Ⅲ水準
メール	あり。5000文字まで	あり。300文字まで	なし
カメラ	あり。300万画素	あり。31万画素	なし
ビデオ	あり。テレビと同等の動き	あり。動きがぎこちない	なし
音楽	あり。MP 3 音質	なし	—
電子マネー	あり	なし	—
クレジットカード	あり	なし	—
乗り物やコンサートの切符	あり	なし	—
家などの鍵	あり	なし	—
ナビゲーション	あり。リアルタイム。	あり。1〜2秒のタイムラグ	なし
オンラインゲーム	あり。テレビと同等の動き	あり。動きがぎこちない	なし
テレビ電話	あり。テレビと同等の動き	あり。動きがぎこちない	なし
ビデオ／高画質画像の送信	10分の録画を10秒で送信可能	あり。10分の録画を 5 分で送信可能。	なし
指紋・顔による本人確認	あり	なし	—
デザイン・色	好きなデザイン・色	比較的好きなデザイン・色	特に好きではない一般的なデザイン・色
値段	10万円	5 万円	2 万円

小野さんはよくわかったようで、自ら一つの例を挙げて解説した。

「それから、Iの⑹で『携帯電話を買い替える頻度』を聞いているのは、これと『いくら以下では買わない』という予算とを組み合わせて、セグメントごとの市場規模を出そうという狙いで入れてあります」

「なるほど、マニア・セグメントでしたら頻繁に買い替えるし、高額なものを買うから人数的に少ないわりに市場規模が大きいとか、無関心セグメントはそのまったく逆だから、人数に比べると市場が小さいというわけですね」

やはり小野さんは敏感に反応する。

その後、仮説がすべて質問票から検証されることを一つひとつ確かめ、すべて全員が納得した。

「それで実施方法なんですが、手前どもで街に繰り出してやりましょうか」

渡辺さんがやる気十分で言った。

「いえ、ここにはまだ実現されていない機能がたくさんでてきますから、現実にイメージしていただく必要があると思うんですね。ですから、いきなり質問するのではなく、答えていただく前に使い方とか使っているシーンを説明するプレゼンテーションを行いたいと思います」

怜子さんは実施方法まで考えていた。

「なるほど、そうですね。それでは、どこかプレゼンテーション・ルームを借りてやるんですね」

渡辺さんは張り切っている。

「はい、それはもう仮押さえしてあります。銀座と渋谷の二つを押さえました。この二箇所ならいろいろな階層、属性の人が来るでしょう。二十五人ずつ、八回、合計三百人のサンプルを集めます。それで渡辺さんたちにお願いしたいのは、会場のそばで通行人に声を掛けて回答者を集めていただきたいんです。それと、忙しい人はなかなかつかまらないので、今からお知り合いの方に声を掛けてできるだけ多く集めて欲しいのです。社員と家族はバイアスがかかってまずいので、友人関係が中心となるでしょうけど。私たちもいろいろ声を掛けてみます」

本当に怜子さんは細部までよく考えている。

「わかりました。社内の全員に号令をかけてやらせます」

小野さんが快く約束し、ミーティングが終わった。

このあと、渡辺さんたちと共同でアンケート用のプレゼンテーションを作った。これはビデオに撮って携帯電話をいろいろなことに使っているところを上映するのが一番いいのだが、そこまで時間とお金をかけられないので、イラストレーターに頼んでいくつもの絵を描いてもらった。

絵だけではわかりにくいところは僕たちが実演することにした。たとえば、鍵の使い勝手については、ドアの前で暗証番号を入力して『鍵』ボタンを押せば鍵の開閉ができるのだが、暗号入力式の普通のドア・ロックと比べてよいところは遠くからでも開閉できるということと、少し高い機種になると、指紋や顔による本人確認機能が付いて安全性が高くなるというストーリーにした。

具体的にイメージしながらの作業は時間がかかったがなかなか楽しいものだった。おかげで渡辺さんたちとすっかり仲良くなることができた。

こうして、銀座と渋谷での調査実施までこぎつけた。もうミンミンゼミとアブラゼミの声が響く季節になっていた。夏休みの真っ盛りで家族連れもいたし、忙しいビジネスマンも家族と一緒に出てきていてとてもよいサンプルが集まった。

（一二）クラスタ分析によるターゲット・セグメントの設定と戦略仮説

集計は僕がやった。統計には疎いのだが、PLAN－PARTNERとかいう便利なソフトがあって、理論はわからなくても教えられたとおりにすれば答えは出てきた。

まず、「必要とする機能」を集計した。

メールはほとんどの回答者が必要と答えた。メール機能のない携帯電話はもう受け入れられないということだ。それから、写真機能つまりカメラも半分弱の人が必要としている。ということは、逆に見ると、不要とする人もけっこう多いということだ。その他はあまり必要とまでは考えていないようだ。これはまだなじみがないので当然と言えば当然か。ただ、デザインと色に関しては自分の好みに合うことは必要ではないけれど、まったく不要ともいえないようだ。逆に、不要と考えられているのはテレビ電話とビデオ・高画質写真の送付だった。僕が知り合い何人かに聞いてリサーチしたとおりの結果だ。

次にコンジョイント分析だ。これは回答者一人ひとりについて実施した。各回答者について、どの項目にどれだけの影響を受けているかということがパーセントで出てくる。この数値を寄与率と呼ぶらしい。たとえば、一番の人は、カメラに十五パーセント、ビデオに十七パーセント、オンライン・ゲームに二十八パーセント、ナビゲーションに十二パーセント、価格に十三

〈必要とする機能〉

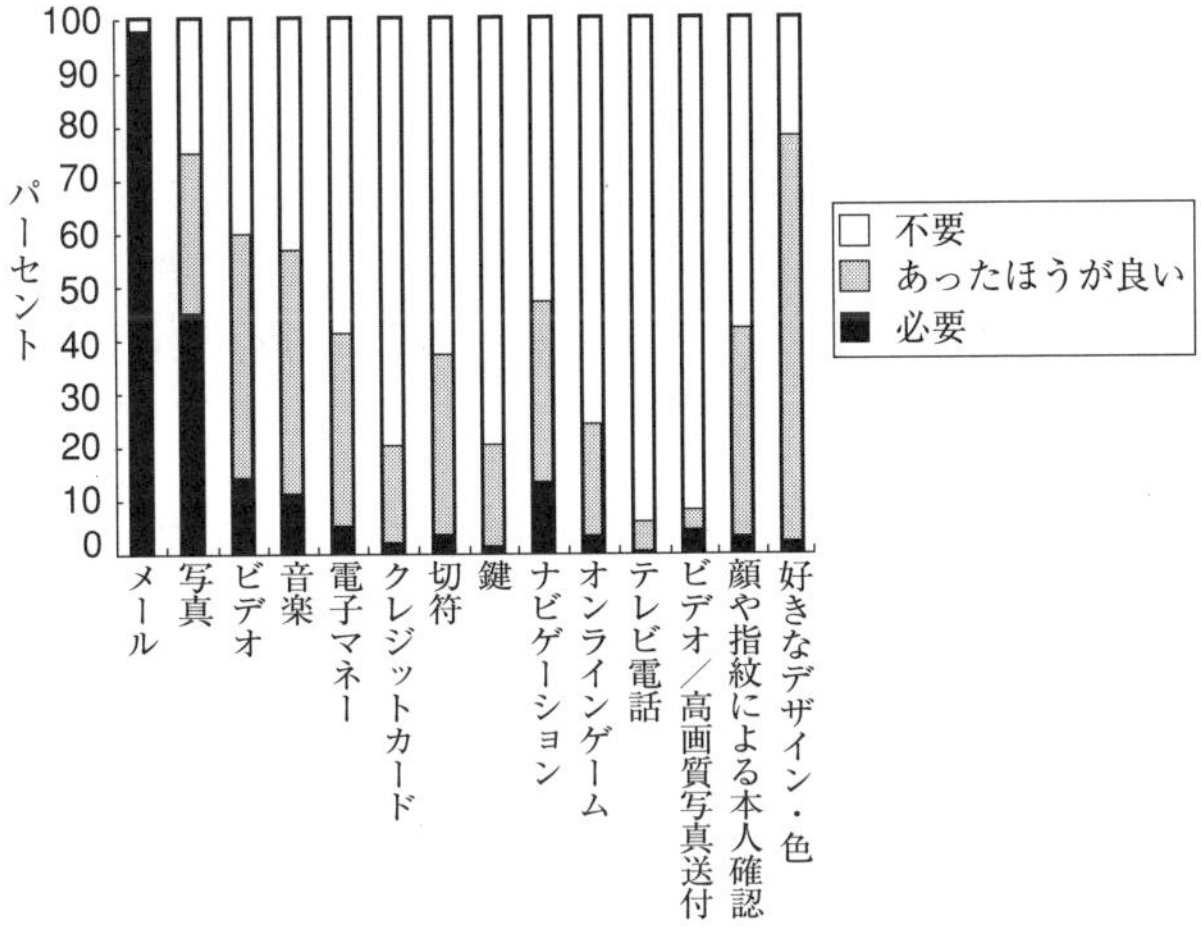

パーセント、といった具合だ。ただ、このままでは要素の数が多すぎてニーズの似通った人を集めにくいので、相関性の高い項目を集めて一つにまとめることにした。たとえば、カメラとビデオは一番の回答者は両方とも十五パーセントくらい、二番の回答者には両方とも五パーセントくらいというように、回答者が変わるごとに同じように上下するので、一つにまとめられるというわけだ。

専門的にいうと、相関係数の高いものどうしをくっつけていった。その結果、カメラとビデオ、音楽を一緒にして「AV」、電子マネーとクレジットカード、切符を一緒にして「決済」とした。それから、メールは必要とされる率が高いが、重要度はどの人にとっても低い、つまり「ないと困るがありさえすればよい」ということなので外した。テレビ電話とビデオ・高画質写真の送付は逆にほとんどの人に不要とされたので外した。また、デザイン・色もほとんどの人に同じ程度の影響を与えることがわかったので外した。これらはあくまでセグメンテーションのための操作で、各要素の重要性は全回答者を対象に計算する。

こうして、個人別のコンジョイント分析の軸を、AV、決済、鍵、ナビゲーション、オンライン・ゲーム、指紋・顔による本人確認、値段の七つに絞った。表記を簡単にするため、それぞれ、AV、決済、鍵、ナビ、ゲーム、本人確認、値段と略すことにした。また、値段、遊び的要素、便利的要素の順番に並べた方がグラフが見やすいので、順番を値段、ゲーム、AV、ナビ、決済、鍵、本人確認の順番とした。この七つのニーズに集約して購買への寄与率を個人別に出した。

たとえば、回答者一番の人は遊び中心の人らしいし、二番の人は便利さを追求しているようだ。次に、この七つの軸を使った個人別コンジョイント分析の結果に対してクラスタ分析を施した。これは似たようなパターンを持つもの同士をグループ化する手法だ。このグループをクラスタと呼ぶそうだ。たとえば、コンジョイント分析の結果、二番の回答者の寄与率が、値段九%、ゲーム一%、AV九%、ナビ二一%、決済三〇%、鍵一七%、本人確認一三%で、回答者六番の寄与率が、値段一三%、ゲーム四%、AV一三%、ナビ一七%、決済二六%、鍵二〇%、本人確認七%だったとすると、この二人は似たパターンなので同じグループに分類される可能性が高い、という具合だ。このクラスタ分析をするためには、いくつのクラスタに分けるかを

〈個人別寄与率のパターン〉

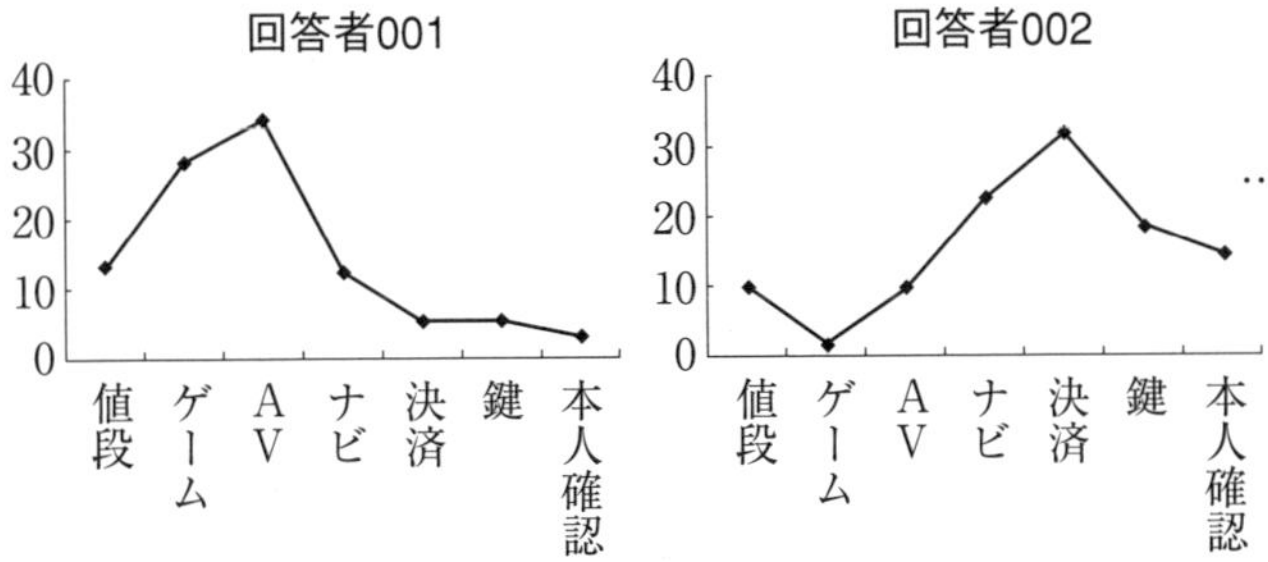

指定しなければならない。三つから始めて、七つまでやってみたところ、五つに分けると比較的はっきり分けられることがわかった。この判断はどうしても人間が感覚的にやらなければならないらしい。僕だけでは心配だったので、怜子さんと渡辺さんにも見てもらって、全員一致で五つに決めた。

　グラフを作ってみると、驚いたことに、その五つはまさに僕と怜子さんとで最初に作った仮説と一致していた。つまり、マニア、遊び、便利、消極、無関心の五セグメントといえる集合に分かれたのだ。価格以外すべての機能を満遍なく重視しているのはマニア・セグメントだし、重視する機能が『遊び』と『便利』に偏っているのはそれぞれ遊びセグメントと便利セグメントに当てはまる。消極セグメントと思われるクラスタは、解釈が難しいが、価格以外はあまり重視していない中、AV、ゲームといったわかりやすい機能が若干高く出ている。価格以外どれも重視していないのは無関心セグメントと思われる。ただ、本人確認のセキュリティー機能を比較的大きめに評価しているのは保守的な考え方をうかがわせる。

〈5つのセグメント―クラスタ分析の結果〉

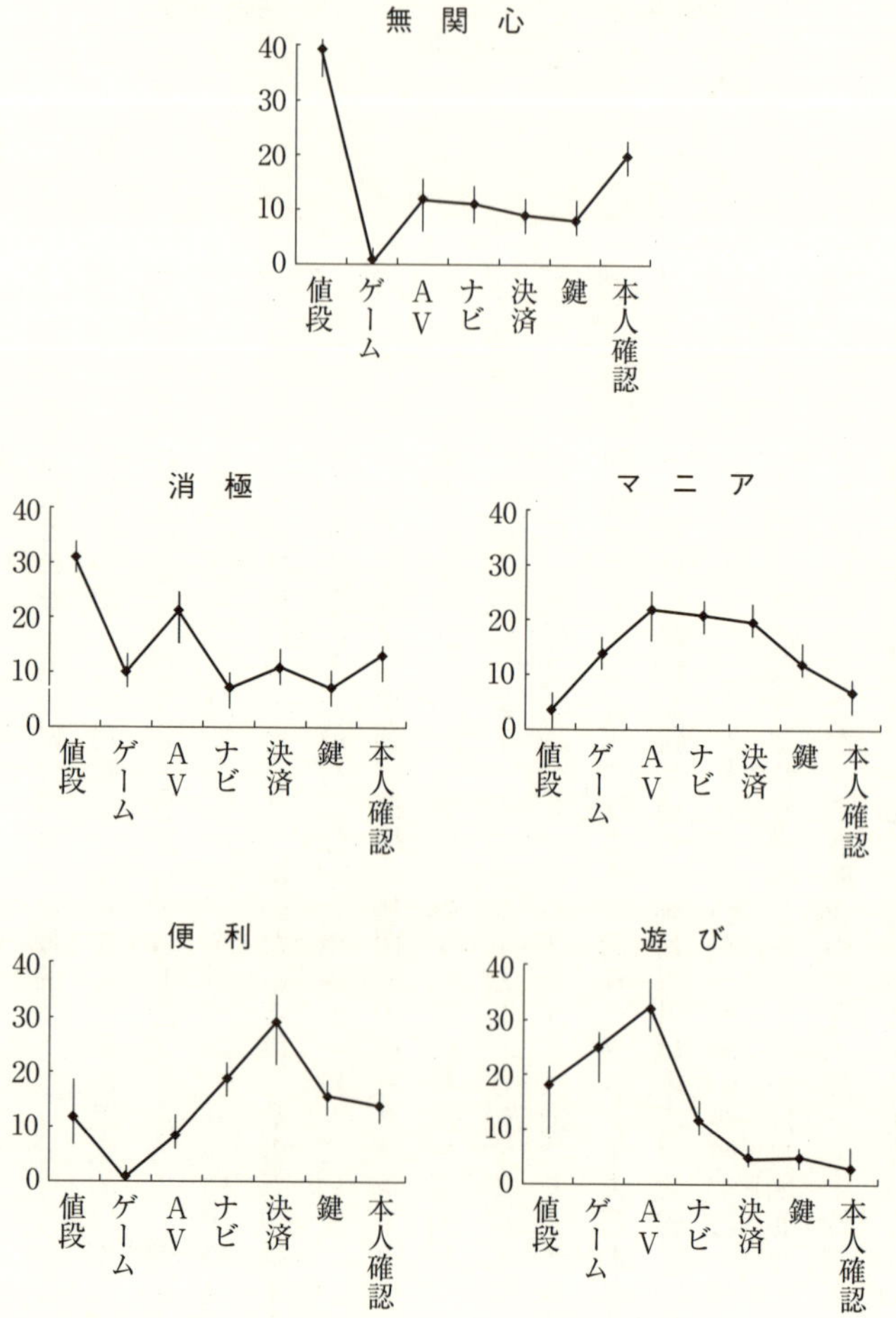

注：グラフの各点（◆）が平均値、線分の上端が最高値、下端が最低値。

と、まあ仮説が合っていてとても嬉しい。怜子さんに随分手伝ってもらったし、直されたりしたけど。僕も素質があるのかなとつい思ってしまった。

小野さんたちの意見で作ったA２の「準マニア・セグメント」は、はっきりとは現れなかった。多分、学生であまりお金がなくても値段の優先順位は低くて無理をしてでも買ってしまうのだろう。それから、「デザイン・セグメント」も出てこなかった。デザインは、ほとんどの人が自分の好みのものである必要はないと感じている一方、不要とする人もとても少なく、好みであることが望ましいとする人が八割近くいて、そのほとんどの人がデザインと色の重要性を十パーセントくらいとしていたのだ。つまり、デザイン・セグメントがないということは、デザインが重要でないというわけではなく、重要なのだが、「ほとんどの人に同じくらい重要だ」ということだ。

さて、この図から何がいえるのか考えてから怜子さんとのミーティングに臨むとしよう。遊びセグメントはわかりやすい機能をいろいろ求めているから宣伝しやすいし、目立つ。でもほとんどの製品がここを狙っているから、ここで成功するのは大変だ。もっとニッチを狙わなくてはいけないな。ニッチと言えば、無関心セグメントだろう。このセグメントで面白いのは、「安全」を比較的重要視していることだ。ここをちょっと強調すれば目立つかもしれない。そうだ、その他の機能を削ぎ落として思いっきりシンプルで安いものにすれば、他社はそんな製品を出さないだろうし、かなり注目されるだろう。無関心セグメントで成功を収めて知名度が上がったら、次に消極セグメントにいくというのはどうだろう。思いっきりシンプルなものに少しだけカメラやビデオのようなわかりやすい機能を追加して、少しだけ高い機種とする。よし、明日のミーティングはこれでいってみよう。

翌朝、怜子さんとミーティングが始まった。五つのセグメントのグラフまでできたとき、期待どおり、怜子さんの目が輝いた。

「すごい！　私たちが予想したとおりだったじゃないの！　裕太君のインタビューも無駄ではなかったわね」

怜子さんに誉められた。というより、結果に満足していることの方が大きいようだけど、とりあえずはよかった。

「やっぱり怜子さんの言うとおり、現場の声を聞くことが重要なんですね。汗をかきながら歩き回ったことが無駄にならなくてよかったですよ」

「そうでしょう。これからも物怖じせず、現場の意見を聞くようにしなさい。さて、こう見ると、やっぱり今までは『マニア』と『遊び』の二つのセグメントに製品開発が偏っていた感じね。逆に言うと『便利』と『消極』が無視されてきたということか」

怜子さんは早速、グラフをじっと見つめてつぶやくように話し出した。

「『無関心』もじゃないですか？　これなんか、メーカーから完全に無視され、疎んじられて

〈セグメントの構成比率〉

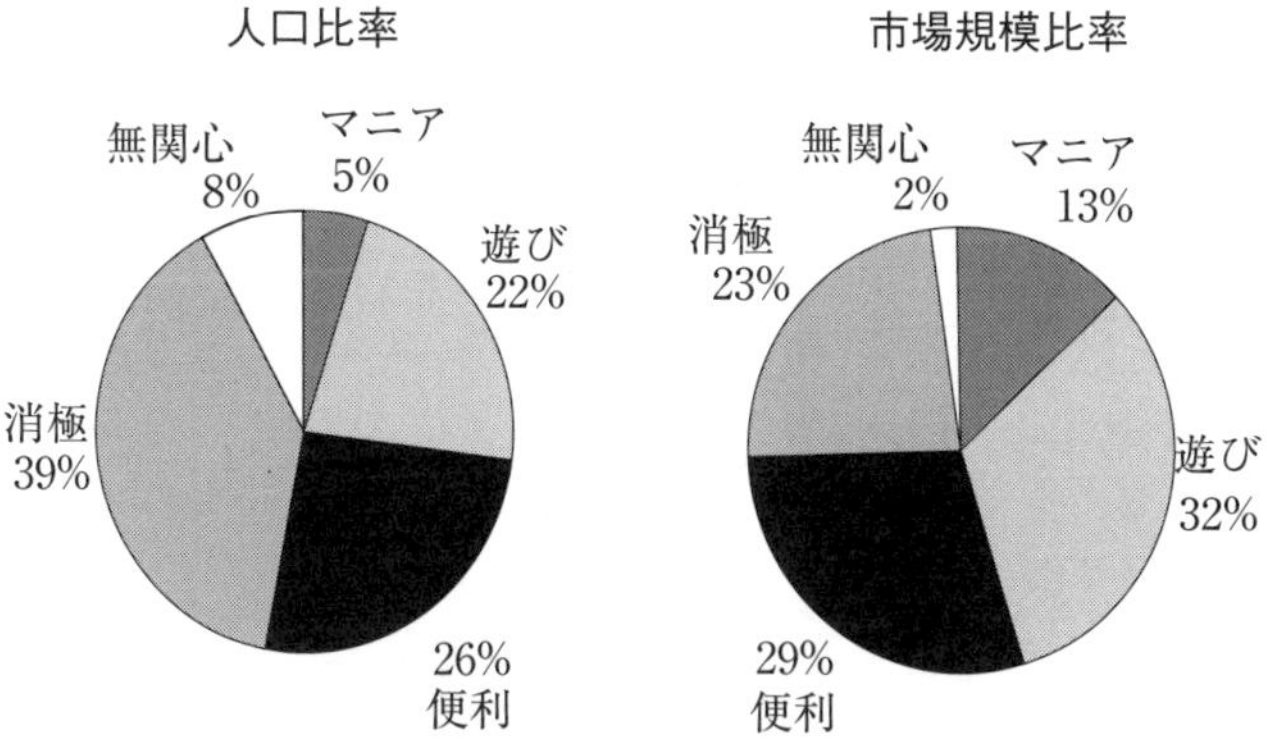

きたような気がしますけど。ここなんか狙い目じゃないんですか？　徹底的に無駄な機能を除いて、超軽量で値段も一万円以下にするとかしたら売れるんじゃないですか？」

僕は思い切って言ってみた。

「ちょっと待って。セグメントの規模の比率はどうなっているの？」

そうだ。規模の構成比をまだ見せていなかった。

「それならこのグラフです。無関心セグメントも八パーセントと意外に大きいですよ」

僕は人数の構成比の円グラフを差し出した。

「これは回答者の人数の比率でしょ。これもいいけど、購買頻度をかけて作った推定市場規模の比率を見せて」

しまった、これを忘れていた。

「すみません。忘れてました。今すぐ計算します」

僕は慌ててノートパソコンを開いて計算した。人数に予算と購入頻度をかけて市場規模の比率を出せばいいんだから……と。すぐに答が出たのでグラフ化しその場でプリントして怜子さんに見せた。

「やっぱりね。マニア・セグメントは頻繁に買い替えるし、予算も高めにとるから、市場規模の比率にすると大きくなるでしょ。遊びセグメントもわりとよく買い替えるので人数より大きくなるわね」

怜子さんは五つのセグメントのグラフ一つ一つを切り取って、市場規模構成比のグラフの周りに貼り付けた。すると、五つのセグメントと市場規模を一目で見ることのできる、わかりやすい図ができた。しまった。僕の一押しの無関心セグメントがたったの二パーセントだということがあらわになってしまった。

「それに比べて、無関心セグメントは予算も小さいし、あまり買い替えないから、市場規模はかなり小さくなって、たったの二パーセントになるじゃない。確かに無関心セグメント用のシンプルで安い製品は差別性があるし面白いんだけど、市場規模はたったの二パーセントよ。値段を低く抑えて購買意欲を刺激したとしてもせいぜい五パーセント止まりでしょ。ポルタモンドのシェアが今二パーセントだからそれが五パーセントになるのはそれなりにインパクトはあるんだけど、楽しみがないわね。それに必要最小限の機能の製品を一度出すとノン・フリル[8]のイメージが定着してしまう恐れもあるしね」

〈5つのセグメントのパターンと市場規模〉

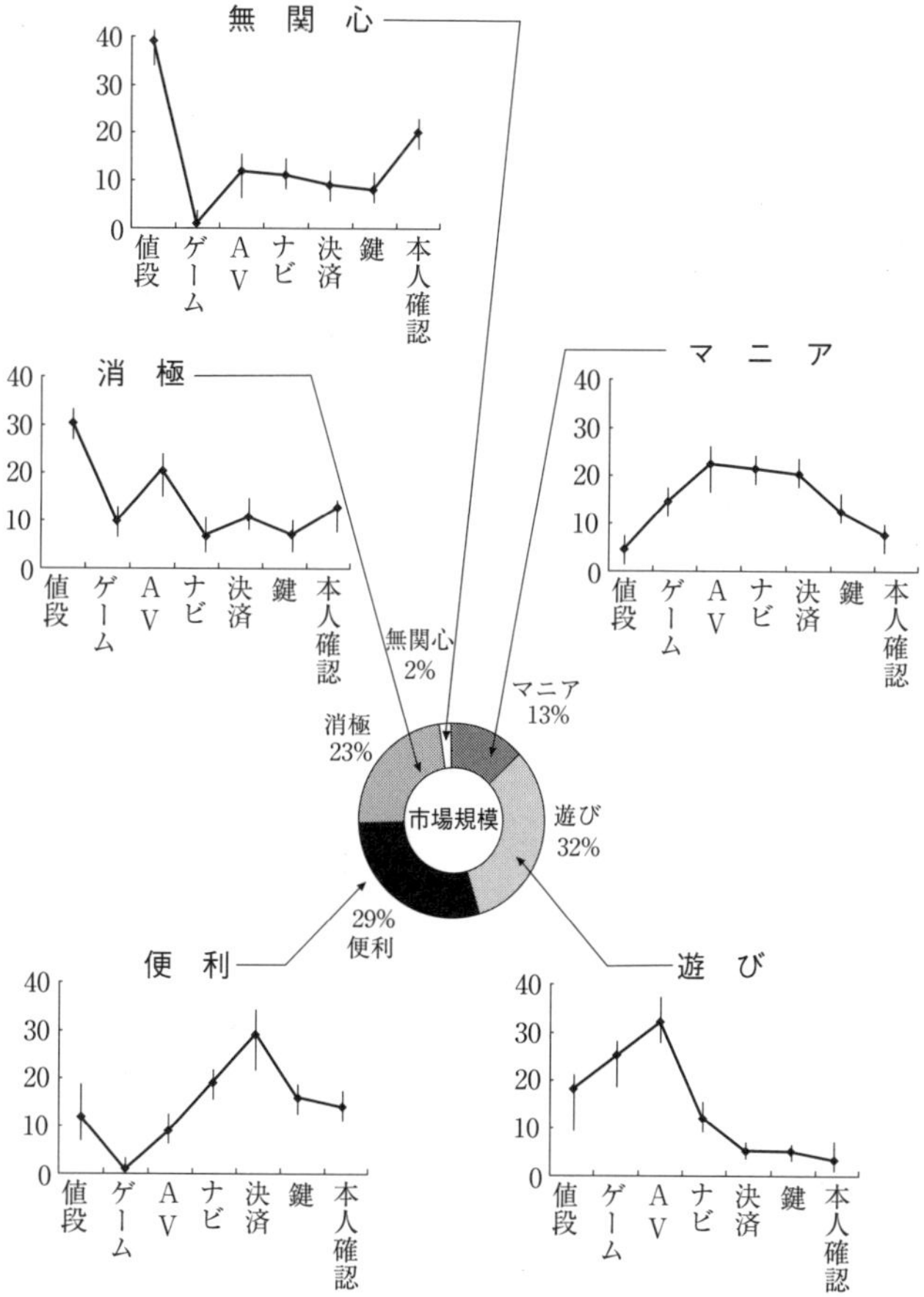

注：グラフの各点（◆）が平均値、線分の上端が最高値、下端が最低値。

あっさり否定されてしまった。

「そうですか……面白いと思ったんだけどなあ」

「確かに面白いんだけど、世界制覇を目指すポルタモンドの戦略としてはＮＧね。目標と合わないんだから。日本のコンビニとかスーパーがプライベート・ブランドで出すんだったら、いい戦略と言えるでしょうけどね。目指す売上規模が小さくてもいいし、ノン・フリルのイメージにも合っているしね」

なるほど、戦略の前提に企業の目標があるというわけか。ちょっと視野が狭かったな。

「それより、『便利』セグメントが面白いと思わない？　今まで無視され続けてきたけど、これから出てくる決済や鍵の機能には興味を持っているわけだし、市場規模もかなり大きいし」

怜子さんが続けた。

「そうですよね。今まで便利な機能はあまりなかったですものね。赤外線通信とか大画面のような便利な機能が欲しいときにも、買い替えるときにしょうがないからカメラ付きとか四十八和音とか付いているものを買っているのかもしれないですよね」

人の意見にすぐに同調して盛り上げるところが僕の良いところでもあり、短所でもあるなと意識してしまった。

「そうでしょ。便利な新機能が続々と出ればもう少し買い替え頻度が上がって市場規模も大きくなるだろうし、ここを先に取ってしまえば、『消極』や『無関心』セグメントも取り込めそうでしょ。最初に出してシェアを取って、ユーザーに新しい機能の操作方法を覚えてもらって他のメーカーの操作方法を覚えることへの抵抗感ができればシェアも維持できるし。早い者勝ちだと思うのよ」

怜子さんは勢いを増してきた。

「そうするとやっぱり、製品で差別化するわけですから、思いっきり便利セグメント用に機能を絞り込むんですね」

「そう。これからどんな機能に絞り込むか、詰めなければならないけど、差別化するためには他のメーカーから出るのと同じようなものではだめだから、とりあえずカメラは外すことになるわね」

つまり、戦略としては、便利セグメントをターゲットにした製品を他社に先駆けて開発し、マーケットシェアを取るということだ。目標としては初年度に便利セグメントの半分、したがって、全体のマーケットの十五パーセントをとることに設定する。そのために、部品メーカーと交渉を開始し、また決済サービスやクレジットカード会社、鍵のメーカーなどと提携話を進め、インフラを整備するなどの行動計画を作る。技術的には便利機能のほとんどは難しくはないので、どちらかというと、他社との提携と、機能をフルに使える外部環境の整備に力を入れて他社より早く実現させることが差別化の源泉となる。こんなことを決めて、クライアントとのミーティングに臨むことになった。

（一三）　カメラを付けるべきか否か

「というわけで、マーケットシェアを確実に増大し、将来も着実に増やしていくことを可能にする最良の方法として、ターゲットを便利セグメントに据え、新しい機能を決済や鍵などの便利機能に絞り込んだ差別化戦略を提唱する次第です」

怜子さんは、ＰＣプロジェクターを使って、なぜ製品による差別化が必要かという背景まで遡り、セグメンテーションの結果を見せながら、僕たちの作った基本戦略を提示した。出席者は、ポルタモンド社からは奥山社長、小野営業部長、それに渡辺さんと開発担当の人が二人、ＳＤＩからは怜子さんと僕、それに中原さんも来ている。場所はポルタモンド・ジャパンの会議室だ。今日は台風がきていて外は暴風雨だ。滝のような雨が窓を殴りつけていて、ときどきバサバサッという音がする。

「なるほど、やっぱりそのくらい思い切ったことをしないといけないんでしょうね」

最初に口を開いたのは小野さんだった。

「そうですね。他社と同じような製品を出していたのでは差別化はできず、マーケットシェアは奪えません。かといって、流通チャネルや広告宣伝で差別化することも難しいですから」

怜子さんは毅然としてゆっくりと言った。

「そうですね。論理も、おっしゃっていることも明快だし、客観的なデータに裏づけされているし、反論の余地はないですね」

奥山さんも認めてくれた。ただ、誰もが興奮するとか諸手を上げて大賛成という感じではなく、静かに頷いているだけなのが気になる。

「では、この基本路線で進めてよろしいでしょうか」

怜子さんが奥山さんの了承を確認するために聞いた。

「いや、もうちょっと考えさせてください」

奥山さんはまだ何か喉に詰まっているかのように言った。

「私どもも、もうすでに来年の開発に合わせるために部品メーカーと商談を進めてましてね。実は三百万画素のカメラ・モジュールの開発をお願いしているんですよ」

奥山さんが続けた。

「キャンセル料が発生するのですか？」

怜子さんはもっともな質問をした。

「いや、そういうわけじゃないんですがね。信義則といいますか、部品メーカーとの友好関係も大切ですし……」

奥山さんが口ごもっていると、小野さんが引き取った。

「いや、それよりも我々営業からすると、本当にカメラを載せないで大丈夫なのか、ちょっと我々の皮膚感覚と合わないような気がするんです」

外は嵐だけど、部屋の中もどうも雲行きが怪しくなってきた。

「しかし調査データでは、はっきりと、便利セグメントはカメラがいらないと言っていますよ。この人たちは今まで、便利な機能が欲しいのに、いらないカメラ付きにしなければならなかったからこそ、カメラがないことが差別化になるんですが」

怜子さんは不思議そうに、でも冷静に『五つのセグメントのパターン』のグラフの該当するところを指して言った。

「確かにそうなんですけどね。どうも我々には、お客さんはカメラが付いているのにしたいから買い替える人がほとんどのように思えるんです」

小野さんはなおも続けた。

「困りましたね。でもカメラを付けると、差別性を出すのが難しくなってきますし、値段も高くなってしまいますよ。どのメーカーも必ずカメラをつけてくるでしょうから、付けないところがインパクトがあって狙い目だということなのですが」

押し問答になってきて怜子さんも困ったという表情になってきた。

「いや、やっぱり、カメラを落とすことはできませんね。これは来年の話ですし、今の三十万画素や百万画素クラスと違って、こんどは三百万画素ですよ。それに実は特別なＣＭＯＳを作らせてましてね、光センサーのＣＭＯＳの中に電子回路を描き込んで、線をスムーズにしたり色を調整する画像処理プログラムを組み込んでいるんです。これで画素数が大きいながらも軽くてコンパクトな構造ができるんです」

奥山さんは、ちょっと強引な口調になってきた。要するに、すごいカメラを開発中なので、それをお釈迦にしたくないということらしい。ちょっと気まずい雰囲気になってきた。

「奥山の申し上げたいことはですね。三百万画素になると、便利セグメントとか消極セグメントもカメラ付携帯を買うようになるんじゃないか、ということなんですね」

小野さんが、奥山さんの理由付けではまずいと思ったのか、違う理由でフォローした。でも、小野さんの場合は、本当に来年になったらユーザー・ニーズも変わるんじゃないかという恐れがあるということを言っているようで、真っ当なところがある。確かに調査は現時点のユーザーの感覚で、来年になったらどうなるかわからない。コンジョイント・カードにははっきり三百万画素と書いたし、回答者にはそれがどのくらいの良い画質かということも説明したのだが、本当に理解していなかった可能性は否定できない。

「つまり、小野さんたちは来年になったら便利セグメントにもカメラのニーズが出てくるかもしれないと思っている。でも私どもはカメラを付けると差別性が失われると思っている。こういうジレンマですかね」

僕はちょっと間をおいたらどうかと思って発言してみた。

「いや、我々は三百万画素になること自体が差別化になると思っているんです」

奥山さんはかなりこだわっている。こうなるとアンケート調査をしてデータを取った意味がなくなってくる。どうしたらいいんだろう。もう一回調査をすればいいのだろうか。やるとしたら、三百万画素の意味を詳しく説明して、実際に三十万画素、百万画素の写真と比べてみせるということになる。でも、そこまで詳しく説明すると、すべての回答者がよく理解しすぎて、欲しくなってしまうということにならないだろうか。また、便利セグメントの人たちがカメラに興味が向くとしてもその時期を予測しなければならない。そんなことできるんだろうか。これはお手上げといった状況だ。弁証法みたいな、両者の主張を調整するような、何か違った角度から切り込めないものだろうか。カメラを付ける、付けないの両者を成立させるということは……両方の製品を売ればいいのかな。そんなことを考えていると、中原さんがようやく口を開いた。

「ちょっと待ってください。確かに私どもの分析がスタティックなところはありまして、動的なユーザー・ニーズの変化を捕え切れていないことはあるようですね」

この事態を打開してくれるのではないかという期待で中原さんに全員の視線が集まった。

「新製品受容カーブというのをご存知でしょうか」

中原さんは立ち上がってホワイト・ボードに図を描いた。

「新製品やアイデアが人々に普及浸透していく様子を表した図ですね。私が説明しましょう。人々の側から見ると、個人が新製品を受け容れていく状況です。まず、ごく少数のイノベーター、

〈新製品普及カーブ〉

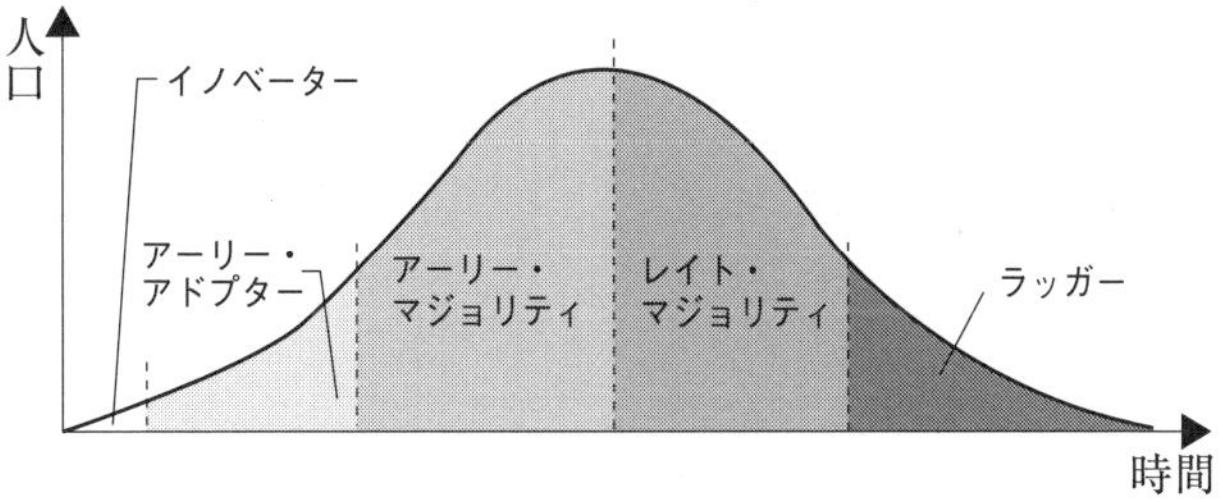

つまり革新的な人が好奇心、冒険心で飛びつき、次に少数のアーリー・アドプター、つまり早期採用者が実際に使ってみる。次に、それを見たマジョリティー、つまり大衆が価値を理解して徐々に買っていく、そしてついにラッガー、つまり遅滞者が受け入れて全員に普及するということです。普通、マジョリティーはアーリーとレイトつまり早期と後期の二つに分けていますが」

怜子さんが気持ちを入れ替えるように皆さんに説明した。

「そう。携帯電話のように技術の進歩が速くて新しい機能がどんどん出てくるような製品では、この図を使って動的に捉えないといけないようです」

中原さんの説明が始まった。

「たとえば、携帯電話自体、三〜四年前までは『絶対にいらない』と言って持とうとしなかった人もいましたが、今は皆持っているでしょう。これは携帯電話という製品もこのカーブをたどって、今、ラッガーまで普及したところだということを表しているんです」

「で、その図から何がいえるんですか？」

奥山さんが怪訝そうに聞いた。僕もよくわからず、ポカーンと口をあけて考えていた。それが、カメラ付きがいいのか、なしがいいのかという議論と何が関係あるのだろう。

「カメラ付き携帯はちょうど今、アーリー・アドプターのところにきていて、これからマジョリティーに普及していくということですか」

怜子さんはすぐに理解したようで、中原さんを援護するように言った。

「そう。便利セグメントの人だってカメラを使わないわけではなくてカメラをすでに持っているとか、性能のいいカメラを使いたいという理由でカメラ付き携帯を買わないわけでしょう。だけど、周りを見ていて便利なことがわかれば、しだいに買うようになっていくというわけです。このことはカメラばかりじゃなくて、新しい機能全部について言えます。ユーザー・セグメントを当てはめると、『マニア』がイノベーター、『遊び』と『便利』がアーリー・アドプター、『消極』がマジョリティー『無関心』がラッガーと言ったところですかね」

中原さんが続けた。そうか。面白い。きれいに当てはまるもんだ。

「遊びセグメントは遊びに関する機能に関してアーリー・アドプターで他の機能についてはマジョリティー、便利セグメントは逆に便利な機能でアーリー・アドプター、他の機能ではマジョリティーということですかね」

僕も参加した。

「なるほど、しっくりきますね」

渡辺さんも興味を持ってホワイト・ボードに描かれた図を見ている。

「日本人はアーリー・アドプターが多いようで、遊びセグメントも便利セグメントも大きいわけですね」

小野さんも興味を示している。

「はい。それで、携帯電話の場合はこの普及のスピードがけっこう速いようでもあるし、そうでもないところもある。そこがこのジレンマの原因なんですね」

中原さんの解説が続いた。そうか、まず議論になっていることの原因を明らかにしたのか。

「つまり、我々はアーリー・アドプターである便利セグメントに便利機能を売り込もうとしている。そしてこのセグメントは遊び機能に関してはマジョリティーなので、遊び機能をはずそうとしている。ところが遊び機能の多くがマジョリティーに普及する時期がもうすぐなのかもしれないし、そうでないのかもしれない。いつになるのか読みきれないということが問題なんですね」

と怜子さんが分析を進めた。

「そういうことですね。それで、『大は小を兼ねる』ですべての機能を盛り込もうとすると価格が高くなってしまうし、特徴もなくなってくるんです。そこをどう解決するかです。カメラ、不要な機能がないという差別化、それと低価格という三つのうちどれかを犠牲にしないといけないのか……」

中原さんが引き継いで三者択一という問題の核心に迫ってきた。

「三百万画素というカメラの機能では差別化になりませんか……。便利セグメントには無理でしょうね。遊びに関してはマジョリティーだとすれば」

小野さんも真剣に考えているがなかなか良い考えは浮かばないようだ。僕も何とかしなくてはと、ない知恵を絞って一生懸命考えた。二つの製品を作るというのがだめなら、カメラを付けたりはずしたりできればいいのかな。着脱式にするとか。いや、いらない人は着脱式でもいらないというだろうな。それじゃ、後から付けられるようにするというのはどうだろうか。とりあえず、カメラ付を開発しておいて、来年の今頃、便利セグメントの人たちがカメラ付を欲しくなっていなければはずして売るとか。でもそうするとカメラ部分が無駄に余ってしまうな。それじゃ、カメラは付けないで、オプションとして買うときに選ばせたらどうだろう。そうだ。ベースとなる電話機を作っておいて、カメラは付けますかと聞けばいいのかもしれない。

「立ち食いうどん屋みたいに、注文を受けてからその場で作るのはどうですか？　うどんにするかそばにするか、何を乗せるかで、てんぷら、コロッケ、メンチ、月見といろんなバリエーションができますよ」

僕は無謀かなとは思いながらも、つい思いついたことを言った。

「それは無理でしょう」

奥山さんにばかにされてしまったようだ。やっぱりだめか。

「なぜですか?」

怜子さんが食い下がってくれた。ＳＤＩではとにかくアイデアを思いついたら口に出せと教育しているので、一応かばってくれたのだろう。

「だって販売店でその場で組み立てるんでしょう? そんなこと量販店の店員にできませんよ。うちも専門要員を派遣したりしてますが、全店ではないし……携帯専門直営店のドコモショップならまだしも」

渡辺さんが笑いながら言った。

「デル・コンピュータとか車みたいに受注してから工場で組み立て、数日後にお店に届けるというのはどうですか?」

僕も少し食いついてみた。

「それは可能でしょうけど、お客さんが待ってくれないでしょう。パソコンや車ほどの高額商品じゃないし、普通、お客さんはお店に行って、買ったその場で受け取ることを期待しますよ。それに、買い替えの場合は携帯番号などの基本情報を移さなければならないから、今持っている携帯電話をお店に持って行かないと買えないです。つまり、デルのような通販モデルも無理です。携帯電話をメーカーに送ったら、その間使えなくなるでしょ」

渡辺さんが現実的にだめだということをはっきりさせた。

行き詰まって皆が考え込んでいると、中原さんが呟くように
「せめてカメラくらいはオプションにできないですかね」

と言うと、開発担当の人が初めて口を開いた。

「それはできるかもしれないですよ」

皆の視線が集まった。開発の人は続けた。

「躯体をどう設計するかは難しいところですが、今開発中のCMOSは先ほど奥山が申しましたとおり、光センサーと画像処理を同じ半導体に乗せてワンチップ化してますので、独立性が高いんです。つまり、他の部品との連携が非常に少ないので、カメラ部分は一つのユニットとして切り離しやすいといえます」

「そうだよ。それでこそ、CMOSに画像処理回路を組み込んだ意味が出てくるじゃないか」

奥山さんの元気が急に出てきた。

「それから、電子財布とかクレジットカード、電車の切符などの便利機能はソフト化できますし、微弱アンテナ付きのICを一つ入れておけば後から足すのは簡単にできるのではないかと思います。ナビゲーションもGPSアンテナとソフトを後から組み込むことができるでしょう」

もう一人の開発担当の人がさらに良いことを教えてくれた。

「それはすごいな。しかし、量販店の店員でもできるほど簡単になるのか?」

奥山さんはまだ半信半疑だ。

「そうですね、一度やり方を教えに行く必要があるかもしれませんが、店の多くは説明書をつければ対応できるでしょう。それにソフトはインターネット経由で携帯に直接ダウンロードする手もありますし、カメラ・モジュールなども通販にして自分で組み込むようにできるかもしれません」

開発の人が付け加えた。

「あと、ＳＩＭカードはご存知ですか。これは電話番号などの基本情報を入れたＩＣですが、取り外しできるようになっているんです。だから、ＳＩＭカード方式にしておけば、うちからまず代替機を送ってからグレードアップしたい電話機を送り返してもらい、グレードアップ作業中はＳＩＭカードを代替機に差し込んで使ってもらうという手もあります」

もう一人の開発の人が付け加えた。

「できそうか。じゃ、本気で検討してみるか」

奥山さんは乗り気になってきた。

「もし、それができるのでしたら、便利セグメントと消極セグメントの人にとっては非常に魅力的な製品になります。カメラをつけない分、安くなるし、軽くもなりますからね。そして、いざカメラを付けたくなったら追加費用だけで付けられるし」

怜子さんが解説した。

「それから、カメラ自体も画素数が高いものなどにアップグレードできますよね。そうだとすると、遊びセグメントの人にもメリットが出てきますよ。最初からもちろんカメラ付きを買うわけですけど、もっと画素数の大きなものが出てもまた買い替えないで済むわけですから」

僕も続いた。

「いや、便利機能も後から組み込むことが可能だから、当然、遊びセグメントにもメリットはあるよ。お金がたっぷりあるわけではないから、とりあえずは予算の範囲で遊び機能中心にしておいて、後でお金に余裕ができてから便利そうだとわかった機能を足していけばいいわけだからね。そもそも、この『あとでグレードアップする』という商品コンセプト自体が、新製品普及カーブにマッチしているということですね。市場に新機能が浸透していくのに合わせて、製品自体もグレードアップしていくわけだから」

中原さんはもうすべてがわかっているようだ。

「なるほど、なかなかインパクトのある商品になりますね。でも、複雑になってわかりにくくなりませんかね」

渡辺さんが営業らしい意見を出した。

「それはそうですけどね。携帯電話に何でも組み込んでいこうという傾向が出てくるということは、携帯電話はもはや電話機ではなくて、携帯する汎用機ということなんですよ。つまり携帯用の通信機能付きパソコンに限りなく近づいていって、何に使うかによってソフトをインストールしたり、周辺機器を付けたりして自分用にカスタム化していくようになるということです。この流れが止まらない限り、グレードアップ可能な製品は遅かれ早かれ出てくるはずです」

中原さんは力強く言った。

「私もそう思いますね。これは早く出した方が勝ちですよ」

奥山さんも同調した。

「それに、買い換え時にモジュール化した機能をそっくり新しい電話機に移すことができるようにすれば、デザイン重視の人にも朗報ですよ。気に入ったデザインや色の製品が出たら安く買い換えられますからね」

小野さんも営業の観点からデザイン性のメリットを指摘した。

「ユーザーが自分で機能を移せるようにすれば、何台も持って、その日の気分や服装に合わせたデザインや色のものを持っていけるようになりますよ。腕時計みたいにね。ＳＩＭカード方式にすれば、通信キャリアとの契約を一つにして電話番号も統一できますし」

怜子さんが俊敏に反応した。

「本当にいいことずくめですね」

奥山さんが感心してうなずいた。

「では、今日の決定事項をおさらいしてみましょう」

玲子さんがまとめに入った。

「まず、製品の差別化を基本戦略とします。差別化の要素はさまざまな新しい機能ですが、さらにそれらの機能をメニュー化して選べ、後で付け足すことができることとします」

「機能のメニュー化というより、『電子マネーを使う』など、具体的な用途をリストして選んでもらうのがいいでしょうね。まあ、マニアとか技術に詳しい人には『微弱アンテナ』とか『指紋認識センサー』というような機能のメニューも作ってもいいでしょうけど」

中原さんが補足した。

「はい、そうですね。では、次ですが、ターゲット・セグメントは第一には便利セグメントとします。これは、ターゲットを明確にして販促や広告宣伝の方法がぼけないようにするためです。そして、便利セグメントにするのは、やはり、『新機能は欲しいけれどもカメラはいらない』という人がしばらくはいるでしょうし、この製品はそこにピッタリはまるからです。遊びセグメントにもマッチしやすいですが、遊びセグメントの人たちは便利機能がいらないといっているわけではなく、全部いっぺんに買うお金がないというわけですから、資金調達の手段によってはフル機能で他社製品を買うかもしれません」

玲子さんが続けた。

「そうですね。やはりターゲットは広げすぎないようにした方がメッセージも明確になって伝わりやすいですし、製品のイメージも作りやすいですからね。それに、他社はやはり遊び的機能を中心にしてくるでしょうし」

小野さんが賛同した。

「それから、アクションプランとして便利機能を実現するために、電子マネーやクレジットカード会社、鉄道や航空などの運輸会社、銀行、鍵メーカー、そしてもちろん通信キャリアとの提携関係や協力体制を築いていくことが重要な作業になってきます」

「はい、それはもう明日にでも動き始めます」

小野さんは本当に前向きな人だ。

「なお、この戦略はまず第二世代で実行して、世の中全体が第三世代へ向かい始めたところで、第三世代にも同じ戦略を持ち込むこととします」

怜子さんは最初の論点を忘れていなかった。

「高画質の写真やビデオを送るためには３Ｇでないと困りますが、便利セグメントをターゲットとするならそういうことになりますね。取り外しのきくＳＤメモリーカード等を使えば印刷もファイルコピーもできますしね。それから、３Ｇで同じことをやるのはそう難しいことではないですから、それでいいと思いますよ」

奥山さんがまた賛成した。

あとは、こんな調子ですらすらと進み、この戦略の実施をポルタモンド本社に勧告するということでまとまった。これで３Ｇが世界で本格化したときにはポルタモンドとしてもすぐに強力な製品を出せるわけだから、この勧告を受け入れて、真剣に人材とお金を開発に投入してくれるだろう。

帰りにポルタモンド社のビルを出ると、いつの間にか台風が過ぎ去っていたようで空はきれいに晴れ上がっていた。そして、もう四時を過ぎていたが、東の空に虹がかかっていた。本当に気持ちのいい景色だった。

（一四）　エピローグ

その後、戦略をまとめ、中原さんと怜子さん、それに奥山さんとでポルタモンドのフランス本社にプレゼンテーションをしに行った。僕は残念ながら居残り組みだった。新人なんだからしょうがない。

結局、本社からもすぐにゴー・サインが出て、極秘プロジェクトとして、本社と日本のスタッフが開発に取り組んでいる。また、小野さんや渡辺さんはカード会社や交通機関との協力関係を築くために走り回っている。それから、通信キャリアが基本的な設計を決めることになっているので、通信キャリアとの話し合いも大変なんだそうだ。もっとも、通信キャリアにとっても、値段が安くなるなら販売奨励金をあまり出さずに済むのでよい話なんだそうだ。日々前進しているということだから、来年、新製品ができてくるのが楽しみだ。

戦略構築実践メモ　その二

①　マーケットシェアを増やす方法は優位性を獲得することとは限らない

通常、優位性を獲得、強化すれば自然にマーケットシェアは増えていくはずだ。しかし逆に、マーケットシェアを増やす方法は優位性を獲得、強化することとは限らない。価格を低くすればシェアを取れる。その他にも、宣伝広告、販促キャンペーンなどのコストをかけることによってもマーケットシェアは取れる。これらはマーケットシェアを取ること自体が優位性の獲得方法である場合に有効な戦略だ。

②　わかったことの整理は論理的に並べるのでなく、クライアントにとって戦略的に意味のある仮説を作ることを目的とする

情報収集をしたら必ず、何がわかったかを整理しなければならない。リサーチの目的は戦略構築にあるからだ。わかったことは、お互いに因果関係となっていれば、「○○ならば××だ」というような論理式になるが、多くの事実はお互いに独立している。これらを並べるだけではなく、それらから何が言えるかを推論することが重要だ。そしてそれらの仮説は、自分（クライアント）の戦略にとって意味のあることでなければならない。

③　ユーザー・セグメンテーションはまずニーズを分類してからセグメントの属性を見つける

ユーザー・セグメント（顧客セグメント、マーケット・セグメント）は、同じようなニーズのパターンを持った買い手の集まりだ。したがって、ユーザーを分類するにはユーザーの属性でなく、ニーズによって分類するべきだ。まず、分類するための軸（属性）を決めてから各セグメントに属する買い手に共通するニーズを探すという方法を取ると、ニーズが見つからず、試行錯誤を繰り返すことになる。ユーザーの属性はニーズによってセグメントに分けた後に共通するものを見つけるべきだ。

④　仮説作りは現場を知ることから始める

ユーザー・ニーズなど事実に関する仮説は机の上で考えていても発見できない。インターネットや文献に頼っても表面的なものしか見つけることはできない。ユーザーや販売員、営業マンなど多くの人に直接話を聞き、触れることによって本当の事実関係がわかる。

⑤　戦略の前提として目標がある

戦略は目標を達成するための手段だ。山頂に立つことが目標なら、どうやって登るかが戦略と言われている。したがって、戦略は会社ごとに違うはずだ。そして、当然のことだが、戦略を作る前に企業あるいは事業部門としての目標を明確にしなければならない。そうしないと、目標に合わない戦略を作ってしまうことになる。

⑥　ユーザー・セグメントは時間軸を入れて動態的に分析することも必要

ユーザーのニーズは時間とともに変わっていくものなので、セグメントも変わっていくはずだ。したがって、いつごろ、どのように変化する可能性があるかを考慮しつつ、ターゲット・セグメントを決め、そのセグメントで優位性を獲得するための方策を考えなければならない。

（注）

1　オペレーティング・システム。データの保存や画面への出力などコンピュータの基本的な動作を司る基本ソフト。

2　通信業者。ここでは携帯電話会社のこと。情報を運ぶのでこのように呼ぶ。

3　補完性酸化金属半導体（Complementary Metal－Oxide Semiconductor）。デジタルカメラの光センサー（アナログカメラのフィルムに相当する部分）として使われる半導体。消費電力が少なく、廉価なので主に携帯電話に使われる。元は一般的なメモリーやロジック用の半導体として開発され、現在もその用途でも使われている。

4　Charge－Coupled Device の略。デジタルカメラの光センサーに使われる半導体。CMOSより画質が高いので一般的に使われている。消費電力が大きいところが弱み。最近では携帯電話搭載のカメラにも使われている。

5　百万画素以上の画素数の高品質な画像を記録するカメラ。

6　パーソナル・デジタル・アシスタント（Personal Digital Assistant）。携帯情報端末ともいわれ、電子手帳のほか、簡単な表計算やワープロ機能が付いている。最近はカメラや通信機能も付くようになり、携帯電話との境界線がなくなってきている。

7　アープ（Average Revenue Per Unit）。加入者一人当たりの月間平均利用料。

8　Non－Frill。飾りがない素のままのこと。製品にもサービスにも使われるマーケティング用語。

あとがき

拙著の『戦略立案のテクニック』の冒頭で、良い戦略を作るためにはテクニックと構想力が必要であるが、テクニックは本を何度も読むことにより、独学でも十分に学ぶことができるが、構想力のほうは経験を積む以外にはないのではないか、というようなことを書いた。戦略コンセプトや分析ツールは頭で理解できれば使えるようになるが、それらを実践で使いこなして戦略構築に役立てるためには経験が必要だという意味である。このことは他の世界でも言えそうである。たとえば、絵画ならデッサン等のテクニックを身に付けることは多くの人ができるが、高い芸術的な価値を出すためにはたくさん描き続け、また豊かな人生経験を積むことが重要と考えられている。スポーツでもテクニックのある人がすぐに強くなるわけではなく、場数を積み、大きな重圧のかかる試合なども経験して徐々に強くなっていく。

しかしながら、そう言ってしまうと、戦略構想力のトレーニングとしてはＯＪＴ（オン・ザ・ジョブ・トレーニング）しかないこととなり、若い人にとっては一人前になるまで途方もなく長い時間がかかることになるし、戦略を作ることに参加する機会の少ない人はいつまで経っても良い戦略を作れないということにもなる。やはり何か、ＯＦＦ－ＪＴ（仕事から離れた研修などのトレーニング）で構想力を磨けるようにできないかと考えてみると、擬似的なＯＪＴもあるのではないかということに気が付いた。つまり、戦略構築の疑似体験である。

この、「戦略構築の疑似体験」というアイデアを実現する最適な方法を追求した結果、戦略コンサルタントのドラマを見る、あるいは小説を読む、それも、若手のコンサルタントに自分の姿を重ね合わせて、解決策を考えながら読むという方法論に達した。これがこの本を書くに至った経緯である。

そもそも、なぜ経験が必要かというと、座学で学んだテクニックも実際に使ってみて理解が深まり、使いこなせるようになっていくからということがすぐに思い浮かぶ。しかし、それよりも重要なことは、正解のない問題に対して自分の頭で考える訓練が必要だということである。企業が現実に直面していることは無数の要素が絡み合っていて大変複雑なので、数学のように定理を使って一意的に解決策が出てくるものではない。だからこそ、自分の頭で考え抜いて、物事の核心を見抜く能力を身に付けなければならないのである。様々な状況に直面したときに、何が根本的な問題であるか、そして、どのようなコンセプトやツールを使えば良いかということを、実践を通して体で覚えるのである。

したがって、本書の読み方として、できるだけゆっくりと考えながら読み進むことをお勧めする。主人公である藤原裕太と同じ視点に立って、自分ならどう考えるか、推理小説を読むように楽しんでいただきたいと思っている。

なお、当然のことであるが、本書はフィクションであり、実際のコンサルティング・プロセスとは異なるということをご了承願いたい。実際にはもっと試行錯誤が続くのであるが、それをすべて書いていたら話の筋が見えなくなって読者を混乱させるだけであるし、第一、膨大なページ数になってしまう。それから、データは現実的な数字にはしてあるが、現実のものではないので、戦略も現実に適用して成功するわけではない。そもそも戦略は、同じ業界内でも個々の企業によって最適なものは異なるはずのもので、一般的な正解はないのである。

最後に、この本を書くことを勧め、強力に推し進めてくださった日科技連出版社の清水彦康取締役、および新人に近いビジネスマンの立場から全体的な構成や具体的な内容、表現までアドバイスをしてくださった渋谷英子氏に感謝の意を記す。

二〇〇三年　秋

長島　牧人

著者紹介

長島牧人（ながしま　まきと）

オフィス・N代表。
ICU（国際基督教大学）教養学部（数学専攻）および早稲田大学法学部を卒業。
ボストン・コンサルティング・グループ（東京事務所）、およびモニター・カンパニー（ボストンおよび東京事務所）にて10数年間、日米欧の企業および政府のコンサルタントとして、エレクトロニクス、自動車、医薬品、金融、通信、流通、食品、素材など多数の業界における企業戦略および事業戦略の立案に従事。

主な著書に『戦略的方針管理』（共著、日科技連出版社）、『戦略立案のテクニック』、『戦略的組織のフレームワーク』、『戦略的財務のスキル』（以上日科技連出版社）など。
E-mail : m-nagashima@aa.uno.ne.jp

戦略構想力を磨く
——コンサルティングプロセスの体験——

2003年11月30日　第1刷発行

検印省略	著者	長島牧人
	発行人	小山薫
	発行所	株式会社日科技連出版社
	〒151-0051	東京都渋谷区千駄ヶ谷5-4-2
		電話　出版 03-5379-1244～5
		営業 03-5379-1238～9
		振替口座　東京 00170-1-7309

Printed in Japan　　印刷・製本　平河工業社

ISBN4-8171-9122-8
URL http://www.juse-p.co.jp/